Lust auf Frühstück

Wir danken allen, die mit viel Einsatz und Engagement zur Entstehung dieses Buches beigetragen haben:

Hartmut Kiesewetter, Kathrin Kiesewetter, Caroline Kiesewetter, Ralf Stech, Frauke und Friedel Köster, Marlies Golly, Jutta Behmer, Christian Behmer, Jürgen Dau, Angelika Rohde, Silke und Frank Richert, Kerstin Meurer, Axel Neumann, Felix, Lucas, Bastian, Celine, Wolfgang Baum, Sandra Thomsen, Lena Feldbusch, Natalja Elistratov, Oma Geli, Ulrike Albrecht, Renate und Siegfried Albrecht, Florian Albrecht, Nicole Jansen, Karen Carstensen, Kirsten Sopha-Alberts, Clare Döhring-Schogs, Henry Döhring, Mandy Hille, Sonja Pimentel, Antonio Decataldo, Christl Klausenitzer, Dr. Jutta Schulke-Vandre, Erika Kieffer, Antje Eichler, Sabina und Knud Fromberg.

BOYENS
BUCHVERLAG
www.buecher-von-boyens.de

ISBN 978-3-8042-1400-2

Autorin: Marion Kiesewetter
Redaktion: Marion Kiesewetter
Fotos: Ursula Sonnenberg, Hans Dieter Kellner
Promotion: Hartmut Kiesewetter
Gestaltung und Layout: Dörte Kromrei
Herstellungsbetreuung: Heidrun Bielert
Herstellung: Boyens Buchverlag
Druck und Bindung: BELTZ Bad Langensalza GmbH, Bad Langensalza
Printed in Germany

Marion Kiesewetter

Lust auf FrühStück

und **Brunch** in norddeutschen Cafés

Fotos von Ursula Sonnenberg
und Hans Dieter Kellner

BOYENS

Lage der Cafés

Inhalt

Frühstück ist fertig …!

Liebe Leserinnen, liebe Leser,

oft habe ich in letzter Zeit den Satz gehört „Ich hab' mal so richtig *Lust auf Frühstück*…, ein ganz besonderes Frühstück, aber wo?“ Diesen Satz griff ich auf und machte mich auf die Suche und auf Erkundungsfahrt, um in unserem wunderschönen Norden ganz besondere Cafés für Sie zu finden, in denen man mit Freunden oder der Familie so richtig köstlich und ausgiebig frühstücken und brunchen kann. Ich bin fündig geworden! Und ich glaube, dass für jeden Geschmack etwas dabei ist. Zehn kuschelige Cafés – über ganz Schleswig-Holstein verteilt – möchte ich Ihnen in diesem Buch vorstellen. Wieder wurde ich von den wunderbaren Fotografen Ursula Sonnenberg und Hans Dieter Kellner künstlerisch einfühlsam und anspruchvoll unterstützt. Aus ihren zauberhaften Fotos meint man förmlich duftenden Kaffee, knusprige Brötchen, selbst gemachte Konfitüren, Salate und die tollsten Leckereien in schöner Umgebung wahrzunehmen. Außerdem kann man das Frühstück mit einem herrlichen Ausflug verbinden, denn die Cafés liegen alle in zauberhafter Umgebung. Ich konnte den Cafébesitzerinnen ihre besonderen Rezepte entlocken, auch als eine Anregung für Ihr persönliches Frühstück zu Hause, ob traditionell, rustikal, maritim, italienisch oder für Verliebte das „Rosen-Frühstück for two“. Dieses Buch ist nicht nur ein Rezeptbuch, sondern auch ein Reiseführer für Ihre künftigen Frühstückstouren.

Ihre
Marion Kiesewetter

Landcafé éclair

Paprika-Marmelade

1 kg rote Paprikaschoten, klein gewürfelt
5 große Zwiebeln, klein gewürfelt
5 Knoblauchzehen, klein gehackt
300 g frischer Ingwer, klein gehackt
2 frische rote Chilischoten, klein gehackt
3 EL Öl
Salz und Pfeffer
1 kg Gelierzucker (2:1)

Paprika, Zwiebeln, Knoblauch, Ingwer und Chili in einen Topf geben und in Öl andünsten. Unter ständigem Rühren 5–7 Minuten garen, sodass die Zutaten noch bissfest bleiben. Mit Salz und Pfeffer abschmecken. Gelierzucker nach Packungsanweisung hinzugeben und unter ständigem Rühren 3–4 Minuten kochen lassen. Marmelade in warme, vorher sterilisierte Gläser füllen, verschließen, abkühlen und ruhen lassen.

Chutney von grünen Tomaten

2 kg grüne Tomaten
2 EL Salz
300 g rote Zwiebeln, klein gewürfelt
4 Knoblauchzehen, klein gehackt
1 EL Ingwer, gerieben
2 EL Senfkörner
1 Schuss Pflanzenöl
2 getrocknete Chilischoten, zerstoßen
schwarzer Pfeffer aus der Mühle
2–3 Kochäpfel, geschält, entkernt, grob gehackt
1 Tasse Rotweinessig
1 kg Gelierzucker (2:1)

Die Tomaten in kochendem Salzwasser 1 Minute blanchieren, vorher die Haut kreuzförmig einschneiden. Abkühlen lassen und die Haut abziehen. Tomaten halbieren, Kerne herausdrücken und in grobe Stücke schneiden. Mit Salz bestreuen und in einem Sieb ca. 1 Stunde abtropfen lassen. Zwiebeln, Knoblauch, Ingwer und Senfkör-

ner in einem Topf mit etwas Öl andünsten. Chili und Pfeffer unter ständigem Rühren hinzugeben. Weitere 5 Minuten dünsten. Abgetropfte Tomaten und Äpfel dazugeben. Rotweinessig dazugießen und alles zum Kochen bringen. Gelierzucker dazugeben und weitere 3 Minuten nach Packungsanleitung kochen lassen. Das Chutney in warme, vorher sterilisierte Gläser füllen, verschließen, abkühlen und ruhen lassen. Das Chutney schmeckt wunderbar zu Käse und Aufschnitt.

TIPP:
Dieses Chutney bietet die tolle Möglichkeit, unreife Herbsttomaten zu verarbeiten. Wer es nicht ganz so bissfest möchte, lässt es etwas länger kochen.

Apfelmus-Traum

4 PERSONEN

1 kg Äpfel (Kochapfelsorten)
2 TL Ingwer, sehr fein gehackt
1 EL brauner Zucker
500 g Naturjoghurt
Ahornsirup
1 Hand voll Mandelblättchen, geröstet

Äpfel schälen, entkernen und grob würfeln. Danach in einen Topf geben und mit ganz wenig Wasser langsam kochen lassen. Bei Bedarf etwas Wasser dazugeben, damit das Mus nicht anbrennt. Die Äpfel unter ständigem Rühren solange kochen, bis sie gar sind. Verbleibende Stücke gegebenenfalls mit dem Pürierstab zerkleinern. Anschließend abkühlen lassen, den Ingwer unter das Mus mischen und mit braunem Zucker abschmecken. Mus in Glasschalen füllen und eine Haube von Naturjoghurt darauf geben. Kurz vor dem Verzehr mit Ahornsirup betröpfeln und mit Mandeln bestreuen.

TIPP:
Apfelmus eignet sich nicht nur hervorragend für Kuchen und Torten, sondern ist auch ein köstliches Frühstücksextra.

Eierauflauf

4 PERSONEN

2 kl. Auflaufformen (14 cm Durchmesser)
Öl zum Einfetten
6 frische Landeier
Salz und Pfeffer
1 EL frischer Schnittlauch, gehackt
1 EL frische Petersilie, fein gehackt
2–3 Tomaten, in Scheiben

Backofen auf 180 °C vorheizen.
Auflaufformen gut einfetten und kurz in den heißen Backofen stellen. In dieser Zeit die Eier in einer Schüssel aufschlagen und kräftig mit Salz und Pfeffer würzen. Wer es gerne ein wenig schärfer mag, kann noch eine Prise Chili dazugeben. ¾ der gehackten Kräuter unter die Eier mischen und die Masse in die vorgeheizten Auflaufformen füllen. Tomatenscheiben darauf legen und den Eierauflauf 12–15 Minuten backen. Backofen in dieser Zeit nicht öffnen, da sonst der souffléartige Auflauf zusammenfallen würde. Mit restlichen Kräutern bestreuen und sofort servieren.

Möhrensalat

1 kg Möhren
Salz und Pfeffer
Saft 1 Zitrone
4 EL Weißweinessig
3 EL Olivenöl
1 EL Kürbiskernöl
½ Tasse Sesamsamen
1 Tasse Orangensaft

Möhren schälen und klein raspeln. Kräftig mit Salz und Pfeffer würzen sowie mit Zitronensaft übergießen. Mit der Hand gut durchkneten. Essig, Olivenöl und Kürbiskernöl vermengen und über den Salat gießen. Sesam in einer Pfanne ohne Öl anrösten, abkühlen lassen und mit dem Orangensaft zum Salat geben. Der Salat schmeckt am besten, wenn er gut durchgezogen ist.

TIPP:
Dieser Salat passt wunderbar zum Brunch oder auf ein Frühstücksbuffet. Er ist einfach und schnell zubereitet und lässt sich gut 3–4 Tage im Kühlschrank lagern.

Verschiedene Quiches
4 Personen

Grundrezept für den Mürbeteig:

200 g Mehl
1 gute Prise Salz
100 g Butter
1 Ei
20 ml Wasser

Mehl, Salz, Butter in kleinen Stücken, und das Ei in eine Schüssel geben und mit den Handflächen zerreiben. Wasser hinzugeben und zu einem Teig kneten. Anschließend ausrollen und eine gefettete, bemehlte 30-cm-Quicheform damit auskleiden. Danach kalt stellen.

Tipp:
Man kann den Teig auch auf kleine Quicheformen verteilen.

Quiche mit grünem Spargel

FÜLLUNG:
500 g grüner Spargel
70 g Gouda, gerieben
100 ml Schlagsahne
3 Eier
100 g Créme fraîche
Salz und Pfeffer
1 EL Dill und Petersilie, gehackt
1 EL Zitronensaft

Quicheform mit dem Mürbeteig auskleiden. Spargel waschen, putzen und in ca. 5 cm lange Stücke schneiden. Kurz in kochendem Wasser blanchieren und danach abtropfen lassen. Käse, Sahne, Eier, Créme fraîche, Salz, Pfeffer und Kräuter vermischen. Spargel auf dem Mürbeteigboden verteilen und mit Zitronensaft beträufeln. Füllung darüber gießen und im vorgeheizten Backofen bei 180 °C Umluft 35–45 Minuten goldbraun backen.

Quiche mit Tuna-Erbsen-Minze

FÜLLUNG:
100 g Erbsen, frische oder TK
1 EL Dijonsenf
70 g Parmesankäse, gerieben
2 EL Minze, fein gehackt
3 Eier
100 ml Milch
100 ml Schlagsahne
Salz und Pfeffer
1 Dose Thunfisch im eigenen Saft

Quicheform mit dem Mürbeteig auskleiden. Erbsen in kochendem Wasser kurz blanchieren, danach sofort in Eiswasser abschrecken, damit sie ihre frische grüne Farbe behalten. Dijonsenf, Parmesan, Minze, Eier, Milch sowie Sahne vermischen und mit Salz und Pfeffer abschmecken. Erbsen und Thunfisch auf dem Mürbeteig verteilen und die Füllung darüber gießen. Im vorgeheizten Backofen bei 180 °C Umluft 35–45 Minuten goldbraun backen.

Quittengelee mit Ziegenkäse-Variationen

4 PERSONEN

FÜR DAS QUITTENGELEE:
2 kg Quitten
1 EL Ingwer, fein gehackt
Saft 1 Zitrone
ca. 1 kg Gelierzucker (2:1)

Quitten waschen, in grobe Stücke hacken und in einen Dampfentsafter geben. Solange dampfen lassen, bis die Quitten keinen Saft mehr abgeben. Wenn man keinen Dampfentsafter besitzt, die Quitten in einen Topf mit 5 Tassen Wasser geben und zum Kochen bringen. Die Früchte etwa 45 Minuten simmern lassen, bis die Quitten sehr weich sind. Die heiße Fruchtmasse in ein feuchtes Safttuch gießen und mindestens 12 Stunden durchlaufen lassen. Ingwer und Zitronensaft zu dem abgekühlten Saft geben und mit dem Gelierzucker nach Packungsanleitung verarbeiten. Das Gelee in warme, sterilisierte Gläser füllen und erkalten lassen.

1 Ziegenweichkäse (ähnlich wie Camembert)
4–6 Scheiben fester Ziegenkäse
Ziegenkäserolle
Ziegenfrischkäse
1 Glas hausgemachtes Quittengelee

Ziegenweichkäse aufschneiden und zusammen mit dem Hartkäse, Käserolle und Frischkäse auf einem Holzbrett arrangieren. Das Quittengelee in einem Glasschälchen dazustellen. Der aromatische und süßliche Geschmack des Gelees ist eine wunderbare Ergänzung zum Ziegenkäse.

Tomaten-Mozzarella

mit hausgemachtem Basilikum-Pesto

4 Personen

4 reife Tomaten
2–3 Mozzarella

Für das Pesto:

3 Knoblauchzehen
30–40 frische Basilikumblätter
2 EL Pinienkerne
2 EL Mandelblättchen
5 EL Parmesankäse, gerieben
100 ml Olivenöl
20 ml Kürbiskernöl
Salz und Pfeffer

Knoblauch schälen und grob hacken. Zusammen mit den Basilikumblättern, Nüssen und Parmesan in einem Standmixer oder mit dem Pürierstab gründlich zerkleinern. Öle im dünnen Strahl dazugießen und alles zu einer glatten cremigen Soße verarbeiten. Mit Salz und Pfeffer abschmecken.
Tomaten und Mozzarella in Scheiben schneiden und fächerförmig auf einem Teller arrangieren. Das frische Pesto darüber träufeln.
Restliches Pesto in einem luftdichten Gefäß im Kühlschrank aufbewahren. Es ist sehr lange haltbar.

Ein Frühstück in der weiten friesischen Marsch, direkt hinterm Deich, im Schatten von alten Apfelbäumen… Diesen Traum bietet das Landcafé éclair im Tümlauer-Koog in der Nähe von St. Peter-Ording. Dieses Café, zudem in einem alten Reetdachhaus etabliert,

wird von der Engländerin Clare Döhring-Schogs betrieben, unterstützt von ihrem Mann Henry. International wie die Namen der beiden klingen, können zu dem vielseitigen Hausfrühstück auf Wunsch auch Ziegenkäsevariationen mit selbst gemachtem Quittengelee, Quiches mit grünem Spargel oder Thunfisch und andere Exoten sowie verschiedene Chutneys gereicht werden, die den Gaumen des Frühaufstehers streicheln werden. Ab 9:30 Uhr kann man hier täglich genießen nach dem englischen Motto: „Frühstücke wie ein König…“ Auch im Winter ist das Landcafé éclair, das wir schon im Café-Buch Nr. 6 *Auf die süße Tour* ausgiebig vorstellten, in lauschiger Atmosphäre d i e Adresse!

Café Küste

Krustenbrot

Zutaten für 2 Brote

500 ml Buttermilch
½ Würfel Hefe
200 g Roggenvollkornmehl
400 g Weizenmehl (Typ 450)
12 g Salz
75 g flüssiger Natur-Sauerteig

Lauwarme Buttermilch in eine Schüssel geben, die Hefe hineinbröseln und auflösen. Beide Mehlsorten, Salz und Sauerteig hinzugeben und kräftig durchkneten. Anschließend zu einer glatten Teigkugel formen. Abgedeckt an einem warmen Ort 30 Minuten gehen lassen. Teig halbieren und zu zwei Fladen in der Größe eines Kuchentellers formen. Jeden Fladen an einer Seite vom Rand zur Mitte falten und so fortfahren, bis die Unterseite schön rund und straff ist. Mit der Teignaht nach unten abdecken und weitere 15 Minuten gehen lassen. Backblech mit Backpapier auslegen. Teig wenden mit der Naht nach oben und mit Mehl bestäuben. Nochmals abgedeckt 15 Minuten gehen lassen. Backofen auf 220 °C vorheizen. Eine Schüssel mit Wasser auf den Backofenboden stellen. Brote in die Mitte schieben und 10 Minuten backen. Anschließend den Ofen auf 180 °C runterschalten und die Schüssel herausnehmen. Brote in ca. 25 Minuten fertig backen und auf einem Kuchengitter auskühlen lassen.

Bunter Stuten

Rosinenklöben

50 g Zucker
½ Würfel Hefe
250 ml warme Milch
500 g Mehl (Typ 405)
½ TL Salz
etwas Zitronenabrieb, unbehandelt
100 g Butter
200 g Rosinen
100 g Mandeln, gehackt

1 TL Zucker und die Hefe in 6 EL Milch auflösen. Mehl in eine Schüssel geben, Hefemilch in eine Mulde geben und mit etwas Mehl zu einem Vorteig verrühren. Salz, Zitronenabrieb, den restlichen Zucker und Butter auf den Mehlrand geben und den Teig 20 Minuten gehen lassen. Restliche Milch, Rosinen und Mandeln dazu geben und kneten. Anschließend an einem warmen Ort zur doppelten Größe aufgehen lassen. Teig nochmals auf einer bemehlten Arbeitsfläche durchkneten.
Danach in eine gefettete Kastenform legen und weitere 30 Minuten gehen lassen. Anschließend längs mit einem Messer ca. 1 cm tief einschneiden und mit Milch bestreichen. Im vorgeheizten Backofen bei 200 °C Umluft 30 Minuten backen.

In Dithmarschen isst man den „Bunten Stuten" traditionell zu Weihnachten und Silvester mit Mettwurst und Käse.

Tipp:
Aus dem Teig kann man auch die Pudelmütze zubereiten, indem man den Teig zu einer Kugel formt, einritzt und backt. Danach mit Zuckerguss bepinseln und mit gerösteten Mandeln bestreuen.

Krabben in Gelee

4 PERSONEN

4 Blatt Gelatine
200 ml Essig
3 Stück Würfelzucker
200 ml Wasser
50 ml Apfelsaft
5 Pfefferkörner
5 Lorbeerblätter
260 g Nordseekrabben
1 rote Zwiebel, in Ringe geschnitten

Gelatine in kaltem Wasser einweichen. Essig, Zucker, Wasser, Apfelsaft, Pfefferkörner und Lorbeerblätter aufkochen. Gelatine gut ausdrücken und in die heiße Flüssigkeit rühren. Den Boden von vier Portionsschälchen mit Zwiebelringen belegen, die Krabben darauf verteilen und mit der Flüssigkeit übergießen. Anschließend kalt stellen. Gestürzt servieren.

Krabbensalat

4 PERSONEN

100 g Frühlingszwiebeln
100 g Rucola
200 g Nordseekrabben
150 g Joghurt
100 g saure Sahne
2 EL Meerrettich-Sahne
Salz und Pfeffer
Saft einer Orange

Geputzte Frühlingszwiebeln in kleine Ringe schneiden. Rucola waschen, grob schneiden und zusammen mit den Krabben zu den Zwiebeln geben.
Joghurt, saure Sahne, Meerrettich-Sahne, Salz, Pfeffer und Orangensaft vermischen und unter den Salat heben.

In der Zingelstraße 31 in Meldorf, unweit vom historischen Marktplatz, finden wir das Café Küste von Antje Eichler, einer sehr symphatischen Konditorin und Pâtissière. Besonders ihre reiche Frühstückskarte, „maritim angehaucht“, wie sie sagt, lockt Leckermäuler von Nah und Fern immer wieder an. Sie bietet Küstenfrühstück mit Rührei und Bacon, Kleines Marktfrühstück, den „Lütten Seuten“ und viele andere Köstlichkeiten an – für jeden Geschmack ist etwas Verführerisches dabei. Ob man sich den richtigen Frühstückshunger vorher holt oder hinterher einen ausgiebigen Verdauungsspaziergang durch die schöne Stadt macht, Meldorf hat viel zu bieten: den historischen Dom, das Landwirtschaftliche Museum, schöne alte Häuser und vieles mehr. Antje Eichler und ihre Crew, die sie liebevoll „Weiberhaufen“ nennt, sind täglich ab 8:30 Uhr für ihre Gäste da und geben alles, um es ihnen in den kuscheligen Räumen des Café Küste gemütlich zu machen und Ihnen das Frühstück appetitlich und optisch schön zu servieren. Eine wahrlich lukullische Adresse!

Marien-Café

Forellen-Creme

4–6 Personen

4 Räucherforellen-Filets
Limetten- oder Zitronensaft
125 g Doppelrahmfrischkäse
200 g Butter, geschmolzen
Salz und Pfeffer
frische Kräuterzweige (Dill, Fenchel, glatte Petersilie) zum Garnieren
Zitronenscheiben zum Garnieren.

Forellenfilets grob zerkleinern. Mit Limetten- oder Zitronensaft, Frischkäse und Butter in der Küchenmaschine glatt pürieren. Nach Geschmack mit Salz und Pfeffer würzen.
Anschließend mehrere Stunden kalt stellen.
Zum Servieren mit frischen Kräuterzweigen und Zitronenscheiben belegen.
Dazu schmecken hart geröstete Brotscheiben oder Cracker.

Matjes-Staudensellerie-Salat

8–10 Personen

6 Matjesfilets
3 Stangen Staudensellerie
½ Salatgurke
1 rote Zwiebel
2 säuerliche Äpfel
8 EL Essig
2 TL Worcestersauce
Salz, Pfeffer
8 EL Öl
1 Bund glatte Petersilie
1 Bund Dill

Falls erforderlich, Matjes 1 Stunde wässern oder in Milch einlegen. Gut abtropfen lassen, trockentupfen und in 1 cm breite Streifen schneiden. Gurke schälen, längs halbieren, Kerne herausschneiden und das Gurkenfleisch würfeln. Zwiebel würfeln. Äpfel schälen, entkernen und ebenfalls würfeln.

Die vorbereiteten Zutaten in eine Schüssel geben.

Aus Essig, Worcestersauce, Salz, Pfeffer und Öl eine Marinade rühren, über die Zutaten gießen und alles mischen. Einige Stunden im Kühlschrank durchziehen lassen. Salat nochmals abschmecken. Kräuter hacken und darunter ziehen.

Tipp:
Als Garnitur rote Zwiebelringe und frische Staudensellerieblätter.

Würzige Marien-Torte

Schwarzbrot-Frischkäse-Torte

50 g Schinkenspeck, fein gewürfelt
800 g Schwarzbrot
900 g Frischkäse
je 2 rote, gelbe und grüne Paprikaschoten, fein gewürfelt
1 Prise Jodsalz
schwarzer Pfeffer aus der Mühle
1 Prise Paprikapulver
1 Zwiebel, mittelgroß, fein gewürfelt
1 Bund Dill, fein gehackt
1–2 Tomaten
kl. frische Möhren
frische Petersilie

Schinkenspeck in einer beschichteten Pfanne auslassen. Eine 20-cm-Springform mit einem Teil des Schwarzbrotes auslegen. 400 g Frischkäse mit den Speckwürfeln vermengen, auf das Schwarzbrot streichen und mit einer weiteren Schicht Schwarzbrot belegen. Man kann das Schwarzbrot auch zerbröseln und dann als Schicht auf dem Frischkäse verteilen.
Die Hälfte der Paprikawürfel mit 400 g Frischkäse vermengen, mit Salz, Pfeffer und Paprika würzen und auf das Schwarzbrot geben. Mit einer weiteren Schicht Schwarzbrot belegen.
Zwiebelwürfel mit Dill und dem restlichen Frischkäse (bis auf einen Klecks) vermengen, würzen und auf dem Schwarzbrot verteilen und glatt streichen.
Rand mit Frischkäse einstreichen und mit den restlichen bunten Paprikawürfeln dekorieren. Danach kalt stellen.
Vor dem Servieren die Tortenoberfläche mit Tomatenvierteln, kleinen Möhrchen, Dill oder frischer Petersilie garnieren.

Räucherlachs-Iglus

4 Personen

400 g Schafskäse (Feta)
80 ml Schlagsahne
2 Schalotten, fein gewürfelt
1 Bund Dill, fein gehackt
schwarzer Pfeffer aus der Mühle
8 Scheiben Räucherlachs

Schafskäse zerbröckeln und mit der Sahne cremig rühren. Schalotten und Dill unter die Schafskäse-Creme mischen. Mit Pfeffer abschmecken. Salz ist nicht nötig, da der Schafskäse salzig genug ist. Suppenkelle mit jeweils 2 Scheiben Räucherlachs auslegen, dabei diesen über den Rand hängen lassen. Anschließend mit der angemachten Käsecreme füllen und glatt streichen. Lachsscheiben nach innen klappen.
Räucherlachs-Iglus auf 4 Teller stürzen und mit Dillzweigen dekorieren.

Oma Gelis
Marmelade und Gelees

Apfelmarmelade

1,5 kg Äpfel
Saft einer ½ Zitrone
½ TL Zimt
2 EL Rum
1 kg Gelierzucker (1:1)

Äpfel schälen, entkernen, würfeln und mit wenig Wasser zu Mus kochen.
Alle verbleibenden Zutaten zum eingekochten Mus geben und unter häufigem Rühren vier Minuten lang köcheln lassen. Anschließend sofort in heiß ausgespülte Marmeladengläser füllen und fest verschließen.

Apfel-Pflaumen-Gelee

500 ml Apfelsaft, aus ca. 1 kg Äpfel entsaftet
250 ml Pflaumensaft, aus ca. 800 g Pflaumen entsaftet
2 EL Rum
½ TL Zimt
Saft einer ½ Zitrone
1 kg Gelierzucker (1:1)

Früchte entsaften. Alle Zutaten im Kochtopf zum Kochen bringen und 4 Minuten leicht sprudelnd kochen lassen. Mehrmals umrühren. Anschließend sofort in heiß ausgespülte Marmeladengläser füllen und fest verschließen.

Himbeergelee

750 ml Himbeersaft, aus 1,2 kg Himbeeren entsaftet
1 kg Gelierzucker (1:1)
Saft einer halben Zitrone

Himbeeren entsaften. Gelierzucker mit dem gewonnenen Himbeer- und Zitronensaft vermischen und zum Kochen bringen. Ca. 4 Minuten köcheln lassen. Anschließend sofort in heiß ausgespülte Marmeladengläser füllen und fest verschließen.

Toast-Variationen

Puten-Camembert-Toast

2 Personen

4 Scheiben Weizen- oder Vollkorntoast
etwas Butter
4 Scheiben geräucherte Putenbrust
4 Birnenhälften
Camembert zum Überbacken
Wildpreiselbeeren für die Garnitur

Toastscheiben rösten (2 Scheiben pro Person), mit Butter bestreichen und nacheinander mit Putenbrust und Birne belegen. Camembert darauf verteilen und im vorgeheizten Backofen bei 180 °C Umluft ca. 15 Minuten überbacken. Anschließend auf vorbereiteten Tellern anrichten und mit Wildpreiselbeeren garnieren.

Nordseekrabben-Toast

mit Rührei

2 Personen

4 Eier
etwas Milch
Salz und Pfeffer
1 Schuss Pflanzenöl
4 Scheiben Weizen- oder Vollkorntoast
etwas Butter
400 g Nordseekrabben
Zwiebelringe nach Geschmack
Blauschimmelkäse zum Überbacken
Dill für die Garnitur

Toast Hawaii

Eier mit Milch, Salz und Pfeffer verquirlen. Etwas Öl in einer beschichteten Pfanne erhitzen und die Eier darin zu einem Rührei bereiten. Pfanne zur Seite stellen. Toastscheiben rösten (2 Scheiben pro Person), mit Butter bestreichen und das Rührei darauf verteilen. Nordseekrabben darauf geben und nach Geschmack Zwiebelringe darauf verteilen. Das Ganze dann mit Blauschimmelkäse belegen und im vorgeheizten Backofen bei 180 °C Umluft ca. 15 Minuten überbacken. Anschließend auf vorbereiteten Tellern anrichten und mit frischem Dill garnieren.

2 Personen

4 Scheiben Weizen- oder Vollkorntoast
etwas Butter
4 Scheiben gekochter Schinken
4 Scheiben frische Ananas
4 Scheiben Gouda-Käse
frisches Obst für die Garnitur

Toastscheiben rösten (2 Scheiben pro Person), mit Butter bestreichen und nacheinander mit Schinken, Ananas und Käse belegen. Im vorgeheizten Backofen bei 180 °C Umluft ca. 15 Minuten überbacken. Anschließend auf vorbereiteten Tellern anrichten und mit frischem Obst garnieren.

Birchermüsli

4 PERSONEN

150 g Haferflocken, blütenzart oder kernig
375 ml Milch
60 ml Apfelsaft
3 EL Zitronensaft
1 Hand voll Rosinen
1 Apfel, entkernt und mit Schale geraspelt
1–2 EL Honig
375 g Naturjoghurt
frisches Obst und versch. Nüsse

Haferflocken, Milch, Apfel- und Zitronensaft und Rosinen in einer Schüssel vermischen und über Nacht in den Kühlschrank stellen. Am nächsten Morgen den geraspelten Apfel, Honig und Joghurt darunter mischen. Mit frischem Obst und Nüssen obendrauf servieren.

Das ursprüngliche Birchermüsli ist neben Schweizer Schokolade und Fondue eine Schweizer Spezialität, die schon um 1900 vom Aargauer Arzt und Ernährungsreformer Maximilian Oskar Bircher-Brenner entwickelt wurde. Eine Zubereitung aus Haferflocken, Äpfeln, Nüssen, Zitronensaft, Milch, Sojamilch, Joghurt und frischem Obst. Sie wurde üblicherweise zum Frühstück gegessen. Heute ein wesentlicher Bestandteil der europäischen Frühstückskultur.
Die Zutaten stehen jedem, je nach Geschmack, frei.

Das Marien-Café in Flensburg, Ballastbrücke 22, ist für Frühstücksenthusiasten eine bekannte Adresse. Schon von weitem leuchtet die rote Jugendstilvilla über die Flensburger Förde. Mit dem Auto, dem Bus und sogar dem Sportboot kommen die vielen Gäste, die schon ab 8:00 Uhr das vielseitige Frühstück genießen wollen, das im Marien-Café täglich angeboten wird. Vielseitigkeit ist nämlich das Aushängeschild von Kerstin Meurer. Wie im Schlaraffenland fühlen sich die Gäste, wenn sie die Frühstückskarte studieren: Forellencreme, Matjes-Staudensellerie-Salat, gefüllte Lachs-Iglus, verschiedene Toast-Variationen und die würzige Marien-Torte aus Schwarzbrot und Frischkäse sind nur einige Highlights. Sie alle aufzuzählen, würde unseren Rahmen sprengen. Eine weitere Attraktion sind die 3000 Kaffee- und Teekannen, die das Marien-Café schmücken. Sammlerstücke die einem hängend und stehend auf Schritt und Tritt in allen Räumen begegnen.

Wie schon in den Café-Büchern *Winterlich Süßes* und *Süßes für die Seele* ausführlich beschrieben, ist das Marien-Café in Flensburg ein besonderer Anziehungspunkt nicht nur wegen seines lukullischen Angebotes, sondern auch, weil Kerstin Meurer und ihre beispielhafte Crew es verstehen, ein Frühstück in ihrem Hause zu einem unvergesslichen Erlebnis zu machen.

mit
Vanille

Café Lichthof

Gefüllte Brotröllchen

1 kl. Dinkel-Kastenweißbrot
1 Limette oder Zitrone, unbehandelt
75 g Butter
frisch gehackter Dill oder frisch geriebener Meerrettich
225 g Räucherlachs in Scheiben
frisch gemahlener Pfeffer

Die Rinde vom Brot abschneiden und der Länge nach in Scheiben schneiden.
Limetten bzw. Zitronenschale abreiben, mit dem Dill oder Meerrettich in die weiche Butter geben, verrühren und mit Pfeffer würzen. Butter auf die Brotscheiben streichen, darauf die Lachsscheiben geben und die Scheiben vom schmalen Ende her ganz eng aufrollen. Rollen fest mit Alufolie umwickeln und mindestens eine Stunde in den Kühlschrank stellen. Folie entfernen und die Rollen in Scheiben schneiden.

Tipp:
Diese Speise kann auch mit Käsecreme, Bauern- oder gekochtem Schinken gereicht werden.

Warmer Getreidebrei

Getreidebrei aus Dinkel, Hirse, Gerste oder Hafer zubereiten, anreichern mit Nüssen, Trockenfrüchten oder gedünsteten Früchten.

Hier ein Beispiel für

Dinkelgetreidebrei

(herzerwärmend, magenschonend und stoffwechselfördernd in Anlehnung an Hildegard von Bingen).

1 Person

40 g Vollkorndinkelflocken mit 100 ml heißem Wasser oder Soja-, Mandel-, Hafer-, Reismilch zum Brei erwärmen und ca. 3 Minuten quellen lassen.

Die süße Variante mit Honig, Ahornsirup oder Apfeldicksaft und Mandeln, Sesam, Pflanzenkernen, Nüssen, gedünstetem Obst oder Trockenobst anreichern.

Herzhafte Variante mit Himalayasalz, Gewürzpfeffer, Knoblauch, Kräutern, Pflanzenkernen, Nüssen, Pflanzenöl, etwas Senf, geriebenem Ziegenkäse oder Tofu anreichern.

Linsen-Gurkenschiffchen

VEGETARISCH

4 Personen

100 g rote Linsen, gekocht
1 Salatgurke
¼ TL Kümmel
nach Belieben Schnittlauch
und (Frühlings-) Zwiebeln, gehackt
4 EL Distel-, Oliven-, Raps- oder
Sonnenblumenöl
1 TL Zitronensaft
Senf, Salz, Pfeffer und Sojasauce zum
Abschmecken

Linsen mit allen Zutaten vermischen, pürieren und kalt stellen. Salatgurke in ca. 4–5 cm lange Stücke schneiden, halbieren und aushöhlen. Mit der gekühlten Linsencreme füllen und nach Belieben mit Tomatenstückchen, Schnittlauch und Kapuzinerkresse garnieren.

Dinkel-Körner-Brot

300 g Dinkelvollkornmehl
300 g Dinkelmehl (Typ 630)
2 Tassen Körner/Saaten/Nüsse nach Geschmack
1 Pck. Backpulver
2 TL Himalayasalz/Ursalz
500 ml Malzbier

Alle Zutaten mit dem Mixer gut verkneten, in eine kleine gefettete Kastenform geben und im vorgeheizten Backofen bei 200 °C Umluft ca. 60 Minuten backen.
Einfach – schnell – bekömmlich bei vielen Stoffwechselerkrankungen.

Zitronen-Creme

Brotaufstrich

Zutaten für 250–300 ml

6 Zitronen, unbehandelt
100 g Butter
500 g Zucker
6 Eier

Zitronen abreiben, Saft auspressen (300 ml sollten erreicht werden).
Butter im Topf zergehen lassen. Zitronenschale und -saft mit dem Zucker hinzufügen und gut verrühren. Eier aufschlagen, gut verquirlen und durch ein feines Sieb in den Topf geben. Alles bei mittlerer Hitze (85–90 °C – keinesfalls kochen und nicht anbrennen lassen) mit dem Schneebesen zu einer cremigen Masse rühren. Anschließend sofort in heiß ausgespülte kleine Marmeladengläser füllen und gut verschließen.

Herzhafte Schnecken

Teig:
600 g Dinkelmehl
300 ml warmes Wasser
1 Würfel frische Hefe
¼ TL Zucker
2 TL Salz
50 ml Raps- oder Olivenöl

Zutaten zu einem geschmeidigen Teig verarbeiten, zu einem Rechteck ausrollen und belegen zum Beispiel mit:

280 g getr. Tomaten
1 Glas grüne Oliven, gehackt
200 g Parmesankäse, gerieben

Den Teig von der langen Seite her aufrollen und in 2 cm dicke Scheiben schneiden.
Die Scheiben dicht an dicht in eine gefettete Springform legen und im vorgeheizten Backofen bei 200 °C Umluft 25–30 Minuten backen.

Am Ostseestrand der Geltinger Bucht in dem kleinen Fischerdorf Falshöft, Haus Nr. 29, liegt versteckt hinter einem traumhaft blühenden Bauerngarten das blaue Reetdachhaus von Frau Dr. Jutta Schulke-Vandre, genannt das Café Lichthof. Dieses einmalig romantische Fleckchen Erde beschrieben wir schon im Café-Buch Nr. 1 *Eine Sünde wert*. Es liegt im Naturschutzgebiet Geltinger Birk mit seinem rot-weiss gestrichenen Leuchtturm.
Für Frühstücksuchende in dieser wunderschönen Landschaft sei gesagt, dass man das sehr ausgefallene Frühstück des Lichthofes bestellen muss. Außer montags wird es dann speziell für Sie bereitet. Das Besondere bei vielen Rezepten ist, dass es sie in zwei Variationen gibt: „Dütt & Datt", süß wie auch herzhaft, und natürlich auch alles vegetarisch. Es birgt immer wieder Überraschungen, auf die man sich beim nächsten Mal schon freuen kann. Auch wird sehr auf besonders gesunde Zutaten geachtet, und bei allen Hochgenüssen kann der Gast sicher sein, dass der Gastgeberin seine Gesundheit und sein Wohlbefinden am Herzen liegen.

OOCL ST. PETERSBURG
HARLINGEN

Café Zum Alten Pastorat

Russische Eier

4 Personen

4 Eier, hart gekocht
30 g Mayonnaise (60 %)
je 1 Msp. Salz und Pfeffer
10 g Keta-Kaviar
Rote Bete-Sprossen

Eier pellen, halbieren und das Eigelb herausnehmen. Eigelb mit Mayonnaise und Gewürzen zu einer homogenen Masse verrühren. Anschließend in einen Spritzbeutel mit Sterntülle füllen und in die Eiweißhälften spritzen.
Mit Kaviar und Rote Bete-Sprossen garnieren.

Gefüllte Kirschtomaten

4 Personen

120 g Kirschtomaten

Tomaten waschen, Deckel abschneiden und vorsichtig aushöhlen.

Füllung:

¼ rote Paprika, fein gewürfelt
2 Msp. Salz
1 Msp. gem. Pfeffer
5 Msp. Paprikapulver
Schnittlauch, in feine Ringe geschnitten
70 g Frischkäse

Paprikawürfel mit den Gewürzen und Schnittlauch unter den Frischkäse heben.
Anschließen in einen Spritzbeutel mit großer Tülle füllen und vorsichtig in die Öffnung der Tomaten spritzen. Mit Petersilie oder Salatgurke garnieren.

Fruchtsalat mit Maraschino

UND EIERLIKÖR-SAHNE

6 PERSONEN

LÄUTERZUCKER:

50 ml Wasser
50 g Zucker

Wasser und Zucker erhitzen und rühren bis sich der Zucker aufgelöst hat. Anschließend kalt stellen.

SALAT:

½ Cantaloupe-Melone
1 Mango
150 g helle Weintrauben, kernlos
½ Ananas
1 Kiwi
Läuterzucker
50 ml Maraschino oder Orangenlikör
1 Banane
100 g Erdbeeren
frische Minze, gehackt

Melone halbieren, Kerne entfernen und das Fruchtfleisch mit einem Kugelausstecher herausschneiden. Restliches Fleisch mit einem Messer herausschaben. Mango schälen, Fruchtfleisch am Kern entlang schneiden und in Streifen schneiden. Weintrauben waschen und trockentupfen. Die halbe Ananas nochmals halbieren, schälen, Strunk herausschneiden und in fingerdicke Streifen schneiden. Kiwi schälen und in Scheiben schneiden. Melone, Mango, Weintrauben, Kiwi und Ananas in einer Schüssel vermischen. Läuterzucker und Maraschino unter den Salat heben. Bananenscheiben, Erdbeerhälften und Minze erst zum Schluss unterheben, damit sie nicht zu weich werden. Fruchtsalat ca. 2 Stunden ziehen lassen, damit sich Läuterzucker, Maraschino und Minze mit den Aromen des Obstes verbinden.

EIERLIKÖR-SAHNE:
200 ml Schlagsahne
1 TL Zucker
3 EL Eierlikör
oder Baileys

Schlagsahne schlagen und den Zucker und Eierlikör vorsichtig unterheben.
Fruchtsalat nach Belieben in einer halben ausgehöhlten Melone anrichten und die Eierlikör-Sahne dazu reichen.

Wurstsalat in Essig und Öl

mit Radieschenstreifen

4 Personen

400 g Leberkäse oder Mortadella, in Streifen geschnitten
80 g Zwiebeln, in Streifen geschnitten
7 Cornichons (120 g), in Streifen geschnitten
70 ml Essig
50 ml Gewürzgurkenwasser
3 EL Olivenöl
4 Msp. Salz
1 Msp. Pfeffer
100 g Radieschen, in Streifen geschnitten

Leberkäse, Zwiebeln und Cornichons in einer Schüssel vermischen. Aus Essig, Gewürzgurkenwasser, Olivenöl, Salz und Pfeffer eine Marinade bereiten und unter den Salat heben. Das Ganze leicht durchkneten und abgedeckt 2 Stunden im Kühlschrank ziehen lassen. Vor dem Servieren mit Radieschenstreifen garnieren.

Garnelensalat mit Melone

4 Personen

1 Honigmelone
220 g geschälte Garnelen
Salz und Pfeffer
2 EL Sonnenblumenöl zum Garen der Garnelen
220 g Tomaten
½ Salatgurke
1 Orange
90 g gehobelte Mandeln
Saft einer ½ Zitrone
2 EL Sonnenblumenöl
3 EL Sahne
1 Prise Zucker
2 EL frische Minze, gehackt
1 TL frischer Thymian, gehackt
Limettenscheiben und Radieschen

Honigmelone halbieren und entkernen. Melonenfleisch vorsichtig mit einem Kugelausstecher herausschneiden, sodass die Schale der Melone nicht beschädigt wird. Garnelen mit Salz, Pfeffer und Öl vermischen und im vorgeheizten Backofen bei 180 °C 8–10 Minuten garen.
Tomaten halbieren, entkernen und in Streifen schneiden. Salatgurke schälen, längs halbieren, Kerne herauskratzen und in Streifen schneiden sodass Halbmonde entstehen. Orange schälen und filetieren. Mandeln in einer Pfanne ohne Fett anrösten. Zitronensaft, Öl und Sahne verrühren und mit Zucker, Salz und Pfeffer abschmecken. Minze und Thymian unter die Marinade heben. Danach Garnelen mit dem Obst und Gemüse gut vermischen, in die Marinade geben und 2 Stunden im Kühlschrank durchziehen lassen. Anschließend in die Melonenhälften füllen und servieren.
Mit Minze, Mandeln, Limettenscheiben und Radieschen garnieren.

Roter Matjessalat

4 Personen

4 Cornichons (250 g), fein gewürfelt
100 g Rote Bete-Kugeln, fein gewürfelt
60 g rote Schalotten, fein gewürfelt
200 g Mayonnaise (60 %)
je 1 Msp. Salz und Pfeffer
1 Schuss Rote Bete-Saft
4 Matjesfilets
1 Ei, hart gekocht und gewürfelt
Rote Bete-Sprossen
Limettenscheiben

Cornichons, Rote Bete und Schalotten unter die Mayonnaise rühren und mit Salz, Pfeffer und Rote Bete-Saft abschmecken. Matjesfilets in daumendicke Stücke schneiden und dem Salat beifügen. Das hart gekochte Ei ganz zum Schluss unterheben. Gut durchziehen lassen. Mit Porree- und Rote Bete-Sprossen und Limettenscheiben garnieren.
Dazu ein kräftiges Schwarzbrot reichen.

Mit Neufelder Pellkartoffeln auch eine köstliche kleine Zwischenmahlzeit.

Quark-Pfannkuchen

6 Personen

Teig:

2 Eier
500 ml Milch
50 g Zucker
300 g Mehl
1 Msp. Backpulver
1 Msp. Salz
1 TL Vanillezucker
Zitronenabrieb 1 Zitrone, ungespritzt
30 ml Sonnenblumenöl

Eier, Milch, Zucker und Mehl mit dem Schneebesen verrühren. Beachten, dass das Mehl langsam hineingegeben wird, damit keine Klumpen entstehen. Backpulver, Salz und Vanillezucker hinzugeben und die Zitronenschale in den Teig reiben. Pfanne mit Sonnenblumenöl leicht erhitzen und den Teig goldgelb zu Crêpes ausbacken.

Füllung:

1 Eigelb
250 g Quark
100 g Zucker
1 TL Vanillezucker
Zitronenabrieb 1 Zitrone, unbehandelt

Eigelb, Quark, Zucker, Vanillezucker und Zitronenabrieb verrühren und dünn in der Mitte der Pfannkuchen verstreichen. Danach den Pfannkuchen links und rechts einschlagen und anschließend aufrollen. Pfannkuchenrollen nochmals bei geringer Hitze in die Pfanne setzen, damit die Quarkfüllung erwärmt wird.
Nach Belieben Vanillesoße dazu reichen, und mit einem Tupfer Sahne und Schokolade garnieren.

Pfannkuchen mit Pfifferlingen

6 Personen

Teig wie beim Quark-Pfannkuchen zubereiten nur ohne Zucker, Vanillezucker und Zitronenabrieb.

Füllung:

600 g Pfifferlinge, geputzt und klein geschnitten
250 g Zwiebeln, fein gewürfelt
30 ml Sonnenblumenöl
6 Msp. Salz
3 Msp. Pfeffer
½ Bund Petersilie

Pfifferlinge mit den Zwiebeln in Öl erhitzen, mit Salz und Pfeffer würzen und ca. 10 Minuten in der Pfanne anschwitzen. Anschließend auf einem Sieb abtropfen lassen. Pfifferlingsmasse zusammen mit der Petersilie auf einem Brett fein hacken. Die Masse mittig auf den Pfannkuchen verteilen, links und rechts einschlagen und aufrollen. Pfannkuchenrollen nochmals in der Pfanne goldgelb backen. Alternativ eignen sich auch Rosé-Champignons.

In Brunsbüttel, wo der Nord-Ostsee-Kanal in die Elbe mündet, wartet ein ganz besonderes Café mit seinem Frühstück auf Sie. Am Markt 12, gegenüber der Jakobus-Kirche, steht das historische Matthias-Boie-Haus, in dem die aus Danzig stammende geprüfte Köchin Sabina Fromberg ihr Café Zum Alten Pastorat, welches ich schon im Café-Buch Nr. 5 *Süßes für die Seele* vorstellte, zu einem Anziehungspunkt machte. Liebevoll innen und außen restauriert, bietet es die stilvolle Kulisse für ihre vielen Köstlichkeiten, die sie jeden Mittwoch bis Sonntag von 9:30–12:00 Uhr auf den Frühstückstisch zaubert. Hier mischen sich Kaffee- und Brötchenduft mit Spezialitäten des Hauses wie Garnelensalat mit Melone, Quarkpfannkuchen süß oder würzig und ein Wurstsalat nach Geheimrezept. Wenn man Glück hat, schaut auch der junge, weltoffene Pastor Ingo Pohl vorbei und lädt zu einem Klönschnack oder einer fachkundigen Führung durch die benachbarte Jakobus-Kirche ein. Ein anschließender Besuch der Brunsbüttler-Schleuse gehört zu den Highlights eines Frühstücksausfluges in diese südwestliche Stadt in Schleswig-Holstein.

Scho'café

Focaccia

CA. 900 g TEIG

10 g frische Hefe
80 g Salz
300 ml lauwarmes Wasser
500 g Mehl
60 ml Olivenöl
Mehl zum Bestreuen

Hefe und Salz in 100 ml Wasser auflösen. Mehl auf einer Arbeitsfläche anhäufeln und eine Mulde hineindrücken. Hefe-Salz-Mischung und Olivenöl hinzugeben. Mit den Fingerspitzen die Komponenten kreisförmig miteinander vermischen und das restliche Wasser nach und nach hinzugeben. Die Masse dann ca. 10 Minuten kräftig verkneten bis der Teig geschmeidig und elastisch ist. Anschließend zugedeckt 1 Stunde bei Zimmertemperatur gehen lassen. Teig zu acht Kugeln formen und zugedeckt weitere 40 Minuten gehen lassen

Backofen auf 250 °C vorheizen. Backblech mit Mehl bestreuen, die Kugeln darauf setzen, mit den Fingern zu einer 1 cm dicken Platte formen und mit einer Gabel Löcher hineinstechen. Ca. 20–25 Minuten backen, bis die Oberfläche goldbraun ist. Danach abdecken und ca. 10 Minuten auskühlen lassen.
Nach Geschmack mit Parmaschinken, Gouda, Tomaten und Mozzarella füllen.

TIPP:
Mit Olivenöl bepinseln und mit grobem Salz, getrockneten Tomaten, Oregano oder Rosmarin belegen.

Die Ursprünge der Focaccia gehen bis ins Altertum zurück. Sie soll ein Vorläufer der gedeckten Pizza sein. Focaccia wird nicht als Beilage serviert, sondern auch als Teil des Frühstücks gegessen. Sie hat sich aber im Laufe der Zeit auch zu einer kleinen Zwischenmahlzeit entwickelt.

Bruschetta

1 Ciabatta-Brot, vom Vortag
Olivenöl
evtl. Knoblauch
reife Tomaten, fein gewürfelt
Schalotten, fein gewürfelt
Kapern
nach Belieben Rucola, Basilikum oder Oregano, fein geschnitten

Ciabatta in nicht zu dicke Scheiben schneiden. Mit Olivenöl bepinseln und im vorgeheizten Backofen bei 175 °C goldbraun backen. Man kann die Scheiben auch toasten. Nach Geschmack mit Knoblauch bestreichen.
In der Zeit des Backens Tomaten, Schalotten, Kapern und Rucola vermischen. Mit Olivenöl und Salz abschmecken und mit einem Löffel auf den getoasteten Scheiben verteilen.

Bruschetta gehört zu den italienischen Antipasti. Das ursprüngliche „Arme-Leute-Essen" stammt aus Mittel- und Süditalien. Ein typisch italienisches „Bauernfrühstück".

Crêpes

AUSREICHEND FÜR CA. 20 STÜCK

1 l Milch
6 Eigelb
1 Prise Salz
1 Stück Butter, walnussgroß
550–600 g Mehl
Butter für die Pfanne

Alle Zutaten mit dem Stabmixer in einer Schüssel verrühren. Anschließend 20 Minuten ruhen lassen. Aufpassen, dass der Teig nicht zu dickflüssig wird.
Butter in einer 26–28 cm großen Pfanne erhitzen. Teig mit einer Schöpfkelle (125 ml) in die Pfanne geben und sie dabei drehen, damit sich der Teig gleichmäßig verteilt. Von beiden Seiten braten, bis der Teig Farbe zieht.
Nach Geschmack mit Konfitüre, Marzipan, Nuss-Nougat-Creme oder Ahornsirup bestreichen. Der Fantasie sind keine Grenzen gesetzt.

Ein Crêpe ist eine bretonische Form des Eierkuchens, der in ganz Frankreich ein beliebter Imbiss ist. In der Bretagne werden Crêpes grundsätzlich süß belegt, beispielsweise mit Zucker, Konfitüre, frischem Obst oder Nuss-Nougat-Creme. Vor dem Verzehr klappt oder rollt man die Crêpes zusammen. Eine der bekanntesten Variationen ist „Crêpe Suzette" mit frischem Orangensaft getränkt oder mit Orangenmarmelade bestrichen. Gerne werden sie auch mit Orangenlikör flambiert.

Schinken-Käse-Omelett

1 PERSON

3 Eier
schwarzer Pfeffer aus der Mühle
Salz
2 Scheiben Parmaschinken, dünn geschnitten
2 Scheiben Gouda
Butter für die Pfanne

Eier schlagen, pfeffern und salzen. Butter in einer beschichteten Pfanne (16–18 cm) erhitzen. Eier bei mittlerer Temperatur hineingeben und den Schinken und Käse darauf verteilen. Masse mit leichten Bewegungen schwenken. Sobald das Ei stockt, mit Spatel und Löffel in der Pfanne zusammenrollen und weiter braten, bis es eine goldene Farbe hat. Nach Belieben dekorieren. Den Füllungsmöglichkeiten für ein italienisches Omelett sind keine Grenzen gesetzt.

Frühstücksfans aus Wedel bei Hamburg kennen natürlich das Scho'café, ein wahres Kleinod in der ehemaligen Stadtapotheke in der Mühlenstrasse 44. Besitzerin, oder besser gesagt Gastgeberin, ist die charmante Belgierin Sonja Pimentel. Sie legt besonderen Wert darauf, dass sich ihre Gäste in ihrem geschmackvollen, individuellen Ambiente rundum wohlfühlen. Aber auch der idyllische Garten ist ein Traum. Vor allen Dingen im Sommer! Das Scho´Café wird auch gerne als Treffpunkt genutzt, in besonderen Fällen für festliche Empfänge. Um 9:30 Uhr öffnet Sonja Pimentel täglich ihre Pforten und bietet ihren Gästen eine besondere mediterrane Frühstückskarte, denn ihr Partner und Küchenchef Antonio Dekataldo ist Italiener aus Apulien und hat viele verschiedene Köstlichkeiten, wie unter anderem Focaccia oder Bruschetta, mit einfließen lassen. Dieses belgisch/italienische Café lädt zu ganz besonderen kulinarischen Genüssen ein. Scho'café in Wedel, ein Tipp für Frühstücksschlemmer!

Schlosscafé

Brokkoli-Schinkensalat

8 PERSONEN

500 g Brokkoliröschen
5 Scheiben gekochter Schinken
1 Dose Mais (285 g Abtropfgewicht)
300 g Mayonnaise
125 ml Sahne
Salz und Pfeffer

Brokkoli in Salzwasser gar ziehen lassen und in kleine Stücke schneiden. Schinken fein würfeln. Mais abtropfen lassen. Mayonnaise mit der flüssigen Sahne glatt rühren und mit Salz und Pfeffer abschmecken. Brokkoli, Schinken und Mais hinzugeben und alles miteinander vermengen.

Käse-Porreesalat

8 PERSONEN

500 g Schnittkäse
2 Stangen Porree
1 Dose Mandarinen (175 g Abtropfgewicht)
3 EL Mayonnaise
125 ml Sahne
Salz und Pfeffer
Currypulver

Käse würfeln. Porree putzen, waschen und in feine Ringe schneiden. Mandarinen abtropfen lassen, Saft auffangen. Mayonnaise mit der flüssigen Sahne und dem Mandarinensaft glatt rühren. Mit Salz, Pfeffer und Curry abschmecken. Käse, Porree und Mandarinen hinzugeben und alles miteinander vermengen.

Eiersalat

4 Personen

8 Eier
8 Stangen Spargel (Glas)
1 kl. Dose Champignons (230 g Abtropfgewicht)
250 g Mayonnaise
125 ml Sahne
etwas Senf nach Geschmack
Salz und Pfeffer
Petersilie

Eier 10 Minuten kochen, abschrecken und pellen. Spargel, Champignons und Eier in kleine Stücke schneiden. Mayonnaise, Sahne und Senf glatt rühren, mit Salz und Pfeffer abschmecken. Spargel, Champignons und Eier hinzugeben und nochmals abschmecken. Mit Petersilie garnieren.

Hefezopf

TEIG:

500 g Mehl
½ Würfel frische Hefe
50 g Zucker
250 ml lauwarme Milch
1 TL Salz
1 Ei
50 g Butter

AUSSERDEM:

Mehl zum Arbeiten
Milch zum Bestreichen
evtl. 100 g gehackte Mandeln

TIPP:
Nach Geschmack 70 g Rosinen oder verschiedene Kräuter unter den Teig heben.

Mehl in eine Schüssel geben, in die Mitte eine Mulde drücken. Zerbröckelte Hefe und Zucker hineingeben. Milch hinzugießen und die Hefe darin auflösen. Den Vorteig 15 Minuten ruhen lassen. Salz, Ei und Butter zum Vorteig geben und alles zu einem glatten Teig verkneten. Abgedeckt an einem warmen Ort ca. 45 Minuten gehen lassen. Den Teig auf einer leicht bemehlten Arbeitsfläche nochmals durchkneten, in drei Portionen teilen und jede zu einer ca. 40 cm langen Rolle formen. Rollen nebeneinander legen und von der Mitte aus zu einem gleichmäßigen Zopf flechten. Auf ein mit Backpapier belegtes Blech legen und zugedeckt weitere 20 Minuten bei Zimmertemperatur gehen lassen. Zopf mit Milch bestreichen und nach Geschmack mit Mandeln bestreuen. Im vorgeheizten Backofen bei 180 °C 40–50 Minuten backen. Anschließend aus dem Ofen nehmen und auf einem Kuchengitter abkühlen lassen.

Eier auf Kräuterbett

6 PERSONEN

10 Eier
500 g Crème fraîche
125 g Joghurt
Salz und Pfeffer
versch. gehackte Kräuter
(Petersilie, Schnittlauch)

Eier 10 Minuten kochen, abschrecken, pellen und halbieren. Crème fraîche und Joghurt gut miteinander verrühren, mit Salz und Pfeffer abschmecken und die gehackten Kräuter unterrühren. Kräutercreme in eine Auflaufform füllen und die halben Eier darauf legen.

Pizzabrötchen

16 Brötchen

300 g Mehl
250 g Quark
1 Pck. Backpulver
6 EL Pflanzenöl
1 TL Salz
125 ml Milch
100 g Röstzwiebeln
100 g geriebener Käse
100 g Salami oder Schinken, gewürfelt

Aus Mehl, Quark, Backpulver, Öl, Salz und Milch einen Teig herstellen. Röstzwiebeln, Käse, Salami oder Schinken unterkneten. Teig in 16 gleichgroße Stücke teilen und zu kleinen Brötchen formen. Im vorgeheizten Backofen bei 160 °C ca. 30 Minuten backen.

Heidelbeer-Vanille-Konfitüre

500 g Heidelbeeren
Mark einer Vanilleschote oder 1 TL gem. Vanille
250 g Gelierzucker (2:1)

Heidelbeeren waschen und zusammen mit der Vanille und dem Zucker in einen Topf geben. Unter ständigem Rühren aufkochen und ca. 4 Minuten sprudelnd kochen lassen. Gelierprobe machen und eventuell 1–2 Minuten länger kochen. Fruchtmasse sofort in saubere Gläser füllen, mit Deckeln verschließen, auf den Kopf stellen und erkalten lassen.

Für alle, die die Nordseeküste bereisen, ist Husum ein absolutes Muss. Die Theodor-Storm-Stadt hat sehr viel zu bieten. Zum Beispiel das stattliche Schloss am Südrand von Husum. In den herzöglichen Räumlichkeiten des Nordflügels dieses Schlosses ist das wunderschöne Schlosscafé entstanden.
Hier wird nicht nur ein Café betrieben, sondern der Nordflügel ist ein Lernort für den Ausbildungsbereich Hotel und Gastronomie im Theodor-Schäfer-Berufsbildungswerk in Husum. Die Auszubildenden finden hier ein praxisorientiertes Trainingsfeld im Service, in der Speisen- und Getränkezubereitung und in der Raumdekoration.
Schon im Café-Buch Nr. 3 *Nur Süßes im Sinn* zeigte sich die absolute Spitzenklasse der Kuchen und Speisen. Selbstverständlich, dass auch für Frühstücksgäste auf dem Frühstücksbuffet ganz besondere Köstlichkeiten bereit gehalten werden.

Eine Reservierung ist zu empfehlen, denn das Café ist wegen seiner malerischen Lage und seiner Qualität, was Essen und Trinken betrifft, ein absoluter Geheimtipp.
Lassen Sie sich überraschen!

Café mit Sti(e)l

Gefüllte Gurken

6 Minigurken oder 1 Salatgurke
200 g Schafskäse
1 Knoblauchzehe, gehackt
5 Oliven, gewürfelt
150 ml Schlagsahne
Salz und Pfeffer
3 Scheiben Bauernschinken
2 EL Paprika-Paste oder Ajvar
½ rote Paprikaschote, gewürfelt

Gurken längs halbieren und die Kerne heraus kratzen. Schafskäse fein zerkrümeln, mit Knoblauch, Oliven, 2 El Sahne, Salz und Pfeffer vermischen und abschmecken. Masse in die Gurken füllen. Schinken in schmale Streifen schneiden und auf die Gurken legen. Die restliche Sahne mit der Paprikapaste, Salz und Pfeffer vermengen und abschmecken. Die Soße in eine Auflaufform geben und die Gurken hineinsetzen. Paprikawürfel über die Gurken streuen, im vorgeheizten Backofen bei 175 °C ca. 20 Minuten backen und warm servieren.

Brokkolisalat

250 g Brokkoli
1 rote Paprikaschote
1 Apfel
25 ml Olivenöl
30 g Pinienkerne
15 ml Balsamico, weiß
1 TL Honig
1 TL Kräutersalz
½ TL Pfeffer
1 ½ TL mittelscharfer Senf

Brokkoli und Paprika putzen und grob zerkleinern. Apfel schälen, entkernen, würfeln. Alle Zutaten zusammen in die Küchenmaschine geben, klein mixen und abschmecken.

Brokkoli-Dip

300 g Frischkäse
5 geh. EL Brokkolisalat

Den fertigen Brokkolisalat mit Frischkäse vermengen und abschmecken.
Dazu rohe Gemüsestreifen oder Knäckebrot.

Eingelegte Zucchiniröllchen

2 Zucchini
1 Tasse Olivenöl
200 g Schafskäse
3 Knoblauchzehen
2 Chilischoten
2 TL italienische Kräuter
2 EL Balsamico, weiß

Zucchini längs in dünne Streifen schneiden, am besten mit einem dünnen Hobel. Wenn die Scheiben zu dick sind lassen sie sich schlecht rollen. Die Scheiben kurz in etwas Olivenöl anbraten. Schafskäse in feine Würfel schneiden, die Zucchinischeiben damit füllen, aufrollen und mit Zahnstochern befestigen. Rollen in eine höhere Form geben. Knoblauchzehen und Chilischoten klein schneiden und zusammen mit den Kräutern auf die Zucchiniröllchen streuen. Balsamico und restliches Olivenöl darüber gießen oder auch mit einem Pinsel darauf streichen und drei Tage im Kühlschrank ziehen lassen.

Zucchiniröllchen mit Kartoffelcreme

200 g mehlige Kartoffeln
Salz
2 Zucchini (à ca. 200 g)
1 Lauchzwiebel
2 EL Schmand
Pfeffer
Paprikapulver, edelsüß
Chilipulver
2 TL Pflanzenöl zum Anbraten

Kartoffeln schälen, würfeln und in Salzwasser garen. Zucchini der Länge nach in dünne Scheiben schneiden oder hobeln. Die Scheiben müssen dünn sein, damit man sie gut aufrollen kann. Kar-

toffelwürfel mit der Gabel fein zerdrücken. Lauchzwiebel in dünne Ringe schneiden und mit den Kartoffeln und Schmand vermischen. Kartoffelcreme mit Salz, Pfeffer, Paprika- und Chilipulver würzen, abschmecken und auf die Zucchinischeiben streichen. Anschließend fest aufrollen, mit Holzspießen fest stecken und in der Pfanne im Pflanzenöl von allen Seiten anbraten.

Thunfischfrikadellen

ca. 40 Stück

2 kleine Zwiebeln
1 rote Paprikaschote
1 mittelgroße Zucchini
2 kleine Gewürzgurken
300 g Thunfischfilet, im eigenen Saft
130 g Semmelbrösel
4 Eier

1 gestr. TL Rosenpaprika
Salz und Pfeffer
Cayennepfeffer
Öl zum Braten

Zwiebel, Paprika, Zucchini und Gurken fein würfeln. Thunfisch, Semmelbrösel, Eier und Gewürze dazugeben, alles gut vermengen und abschmecken. Kleine Frikadellen formen und in der Pfanne in Öl braten.
Dazu ein kräftiges Bauernbrot und Bärlauchpaste.

Fischfrikadellen

ca. 15 Stück

500 g frischer Fisch
(Kabeljau, Hecht oder ähnliches)
125 g Bacon
1 Zwiebel
1 Ei
2 EL Paniermehl
2 EL Öl oder Sahne
Salz und Pfeffer
frische Kräuter (Dill, Petersilie, Rosmarin)
Öl zum Braten

Fisch häuten, entgräten und zerkleinern, in Salzwasser ca. 5 Minuten garen und abkühlen lassen. Bacon in der Pfanne anbraten und abkühlen lassen. Fisch, Bacon und Zwiebel in der Küchenmaschine zerkleinern, mit den anderen Zutaten vermengen und abschmecken. Frikadellen formen und in der Pfanne in Öl braten.
Dazu ein kräftiges Bauernbrot und die Bärlauchpaste.

Spinat-Lachs-Rolle

TEIG:

350 g TK-Rahmspinat
2 Eier
100 g Mehl
200 g geraspelten Käse (Gouda)

Spinat über Nacht auftauen lassen.
Den aufgetauten Spinat mit Eiern und Mehl gut verrühren. Teigmasse auf ein mit Backpapier ausgelegtes Backblech streichen und mit dem geraspelten Käse bestreuen. Im vorgeheizten Backofen bei 190 °C ca. 12 Minuten backen, bis der Käse anfängt, braun zu werden.

FÜLLUNG:

400 g Frischkäse
200 g Schmand
1 EL Sahnemeerrettich
1 Bund Dill, gehackt
1 Bund Schnittlauch, in Röllchen geschnitten
Salz und Pfeffer
350 g Räucherlachs

Frischkäse, Schmand, Sahnemeerrettich, Dill und Schnittlauch gut verrühren und mit Pfeffer und Salz abschmecken. Den gebackenen Spinatteig vom Backblech auf ein Brett stülpen, Backpapier abziehen und auskühlen lassen. Die Hälfte der Frischkäsemasse auf den ausgekühlten Spinatteig streichen und mit Räucherlachs belegen. Mit der restlichen Frischkäsemasse bedecken und der Länge nach fest aufrollen. Die Spinatrolle anschließend stramm in Frischhaltefolie wickeln. Am besten über Nacht kalt stellen, so lässt sie sich besser schneiden. Spinatrolle in 1 cm dicke Scheiben schneiden, mit Dill dekorieren und anrichten.

TIPP:
Dazu nach Belieben Meerrettich- oder Graved-Soße. Sie passen zu beiden Rezepturen.

Lachsrolle

TEIG:

100 g Mehl
300 ml Milch
4 Eier

Mehl, Milch und Eier verrühren. Teig 30 Minuten ruhen lassen.
Backblech mit Backpapier auslegen, den Teig darauf streichen und im vorgeheizten Backofen bei 200 °C ca. 12 Minuten backen, bis der Teig anfängt, leicht braun zu werden.

FÜLLUNG:

400 g Frischkäse
200 g Crème fraîche
2 EL Sahnemeerrettich
2 Bund Schnittlauch, in Röllchen geschnitten
2 Bund Dill, fein gehackt
Salz und Pfeffer
350 g Räucherlachs
Dillzweige zur Dekoration

Frischkäse mit Crème fraîche, Meerrettich, Schnittlauch und Dill gut verrühren und mit Salz und Pfeffer abschmecken.
Den gebackenen Pfannkuchenteig auf ein Brett stülpen, Backpapier abziehen und auskühlen lassen. Die Hälfte der Frischkäsemasse darauf verstreichen und mit dem Räucherlachs belegen. Restliche Frischkäsecreme auf den Lachs streichen und die gesamte Pfannkuchenteigplatte der Länge nach fest aufrollen. Die Lachsrolle anschließend stramm in Frischhaltefolie wickeln und kühl lagern, am besten über Nacht.
Gekühlte Lachsrolle in 1 cm dicke Scheiben schneiden und mit Dill garnieren.

Nuss-Möhren-Brot, Knäckebrot und Bärlauchbutter

Nuss-Möhren-Brot

1 Brot (Brotbackform 30 x 11 cm)

200 g Möhren, geraspelt
100 g Haselnüsse, gehackt
100 g Walnüsse, gehackt
100 g Roggenmehl (Typ 1150)
400 g Dinkelvollkornmehl
2 gestr. TL Salz
7 g Trockenhefe
250 ml lauwarmes Wasser

Möhren, Hasel- und Walnüsse, Roggenmehl, Dinkelmehl, Salz und Trockenhefe vermischen und mit dem lauwarmen Wasser gut verkneten. Brotteig zugedeckt an einem warmen Ort gehen lassen, bis er sich sichtbar vergrößert hat (je nach Wärme ca. 1 Sunde).
Den aufgegangenen Teig nochmals gut durchkneten, einen Laib formen, in eine mit Backpapier ausgelegte Brotbackform füllen und zugedeckt an einem warmen Ort gehen lassen (je nach Wärme wieder ca. 1 Stunde). Das Brot mit etwas Dinkelvollkornmehl bestäuben und im vorgeheizten Backofen bei anfangs 230 °C 10 Minuten backen, dann den Ofen auf 180 °C reduzieren und weitere 20 Minuten backen. Anschließend aus der Form nehmen und auf einem Kuchengitter auskühlen lassen.

Knäckebrot

120 g Dinkelvollkornmehl
120 g Haferflocken
100 g Sonnenblumenkerne
50 g Sesamsaat
50 g Leinsamen
½ TL Salz
500 ml lauwarmes Wasser
2 EL Olivenöl

Alle Zutaten in eine Schüssel geben und miteinander vermengen. Teig ca. 10 Minuten ziehen lassen. Anschließend auf zwei mit Backpapier belegten Backblechen dünn ausstreichen. Im vorgeheizten Backofen bei 170 °C ca. 60 Minuten backen. Wichtig: Den Teig nach 15 Minuten Backzeit bereits in Scheiben schneiden und dann weiterbacken, sonst ist es nicht mehr möglich, das Knäckebrot zu schneiden. Dazu eignet sich am besten ein Pizzaschneider.

Bärlauchbutter

2 EL Bärlauchpaste
2 Prisen Salz
etwas Zitronensaft
250 g weiche Butter

Bärlauchpaste, Salz, Zitronensaft und weiche Butter miteinander verrühren und abschmecken. Fertige Bärlauchbutter wieder erkalten lassen und verzieren. Sie lässt sich auch sehr gut einfrieren.

Bärlauchpaste

Bärlauchblätter
1 Prise Salz
Rapsöl

Bärlauchblätter waschen und den Stiel mit einem scharfen Messer keilförmig herausschneiden. Blätter anschließend pürieren, etwas salzen (man kann lieber etwas nachsalzen) und in Gläser füllen. Soweit mit Öl auffüllen, bis die Blätter bedeckt sind. Das Glas fest verschließen. Da Bärlauch lichtempfindlich ist, das Glas von außen mit Alufolie einschlagen und in den Kühlschrank stellen. Bärlauchpaste ist im Kühlschrank ca. 1 Jahr haltbar und kann jeder Zeit verwendet werden.

Mitten zwischen Nord- und Ostsee, in der Nähe der Bundesstraße 201 liegt Jübek, das schon mit seinen Pop-Konzerten (Gianna Nannini, Udo Lindenberg) und seinen Motorradrennen auf sich aufmerksam machte. Hier befindet sich ein einmaliger Familienbetrieb mit Mustergarten, Gartengerätemuseum, Blumenladen, Dekorationsbereich „Fundstücke" und dem rustikalen Café mit Sti(e)l von Ulrike Albrecht, das wir schon in unseren Café-Büchern *Winterlich Süßes* und *Süßes für die Seele* vorstellten, allerdings ohne das Frühstücksangebot der charmanten Gastgeberin hervorzuheben. Einen ganz besonderen Brunch bietet Ulrike jeden Samstag und Sonntag von 10:00–12:30 Uhr an, bei dem man von dem so genannten Frühstücksbuffet wahrlich schlemmen kann und Kreationen von Ulrike Albrecht entdecken kann. Nie fehlen dürfen das selbst gebackene Nuss-Möhren-Brot und das Knäckebrot. Weitere Spezialitäten sind die Fisch- und Thunfischfrikadellen, die köstliche Spinat-Lachs-Rolle, die eingelegten Zucchini-Röllchen und – last not least – der leckere Brokkolisalat. Genießen Sie diesen Brunch in dem rustikalen Café oder den lauschigen Plätzchen im traumhaft gestalteten Garten.

Café Zauberbuche

Curry-Eiersalat

1 EL Mayonnaise
1 EL Schlagsahne
½ Tasse Ananassaft
1 EL Curry
1 gestr. TL Salz
4 hartgekochte Eier, gewürfelt
3 EL Cocktailfrüchte
1 Scheibe Ananas, in Stücke geschnitten

Mayonnaise, Sahne, Ananassaft, Curry und Salz miteinander verrühren. Das Dressing wird recht flüssig, wird aber von den Eiern aufgenommen. Eier, Cocktailfrüchte und Ananas unterheben und gut durchziehen lassen.
Vor dem Servieren nochmals mit Curry und Salz abschmecken.
Nach Geschmack mit Eihälften garnieren.

Boller

Dänische Hefebrötchen

ca. 40 Stück

100 g Butter
200 ml Milch, lauwarm
1 Würfel Hefe (42 g)
90 g Zucker
10 g Salz
1 TL Kardamom
500 g Mehl

Butter schmelzen lassen, Milch dazugeben und die Hefe darin auflösen. Zucker, Salz, Kardamom und Mehl zur Flüssigkeit geben und zu einem geschmeidigen Teig verarbeiten. Abgedeckt 30 Minuten gehen lassen. Auf bemehlter Arbeitsfläche nochmals durchkneten, zu Rollen formen, in gleichgroße Stücke schneiden und zu runden Bollern drehen (ca. 3 cm Durchmesser). Anschließend auf ein mit Backpapier ausgelegtes Backblech legen und nochmals 40 Minuten gehen lassen. Im vorgeheizten Backofen auf mittlerer Schiene bei 200 °C 10 Minuten backen. Danach auskühlen lassen.

Tipp:
Boller lassen sich sehr gut einfrieren. Vor dem Frühstück im Ofen noch einmal kurz erwärmen.

Zauberbuchen-Ymer

4 Personen

500 g Naturjoghurt oder Ymer
1 EL Vanillepulver (gem. Vanilleschoten)
250 g Schlagsahne, geschlagen
Zucker

Joghurt und Vanillepulver miteinander verrühren. Schlagsahne unterheben. Masse mit Zucker abschmecken. Anschließend in die Kühlung stellen.

2 Tassen TK-Himbeeren
(oder Obst nach Belieben)
2 Tassen Amarettini (grob zerbröselt)

Himbeeren gefroren und ungesüßt in eine Schüssel geben. Darauf die Amarettini verteilen. Ymer-Masse darauf geben und servieren. Statt Amarettini eignen sich auch Baisers.

Ymer ist ein dänisches joghurtähnliches Sauermilchprodukt. In Dänemark isst man ihn mit gezuckerten Schwarzbrotkrümeln „Ymerdrys“ oder mit braunem Zucker, „Brun Farin“.

Gefüllte Zucchini

2 PERSONEN

1 Zucchini
1 ½ kl. Tomaten
1 kl. Zwiebel
4 Scheiben gekochter Schinken
100 g Frischkäse
1 Schuss Milch
Salz und Pfeffer
Kräuter der Provence

Zucchini halbieren, aushöhlen und ca. 2 Minuten blanchieren, danach erkalten lassen. Tomaten und Zwiebel sehr klein schneiden. Schinken fein würfeln. Frischkäse, Milch, Salz und Pfeffer und Kräuter zu einer glatten Creme verrühren. Tomaten, Zwiebel und Schinken unterheben. Masse in die vorbereiteten Zucchinihälften füllen und im vorgeheizten Backofen bei 200 °C auf mittlerer Schiene ca. 12–15 Minuten überbacken.

Thunfischsalat

1 Dose Thunfisch in Öl
1 EL Mayonnaise
1 Schuss Essig
Salz und Pfeffer
1 Zwiebel, gewürfelt
1 rote Paprikaschote, gewürfelt
3 EL Mais
2 hartgekochte Eier, gewürfelt

Thunfisch in einem Sieb abtropfen lassen, Öl auffangen.
Aus Mayonnaise, Essig, Thunfischöl, Salz und Pfeffer eine Marinade bereiten.
Thunfisch zerpflücken und zusammen mit den Zwiebel-, Paprikawürfeln und Mais unterheben und über Nacht durchziehen lassen. Eier kurz vor dem Servieren untermischen.

Käsespieße mit Erdbeersoße

250 g Feta-Käse
1 frische Papaya oder Bällchen aus dem Glas

Feta-Käse in Würfel schneiden. Papaya schälen, entkernen und würfeln.
Käse und Papaya abwechselnd auf Spieße stecken.

ERDBEERSOSSE

300 g Erdbeeren
85 g Zucker
Saft einer ½ Zitrone

Erdbeeren waschen, putzen und in Stücke schneiden. Zusammen mit Zucker und Zitronensaft fein pürieren.
Käsespieße auf einer Platte anrichten und mit Erdbeersoße übergießen.

Speckpflaumen

40 Stck. kernlose Trockenpflaumen
200 g Frühstücksspeck, dünn geschnitten

Jeweils eine halbe Scheibe Speck um die Pflaumen wickeln.
Im Abstand von 1 cm auf ein mit Backpapier belegtes Backblech legen und im vorgeheizten Backofen bei 180 °C auf mittlerer Schiene ca. 12 Minuten backen.
Warm servieren.

Unter Jahrhunderte alten Bäumen steht in Stedesand, nahe der dänischen Grenze, das Café Zauberbuche, entstanden aus dem alten Pastorat. Alt und Modern finden sich in den Gasträumen zu einer geschmackvollen Mischung zusammen, in der man sich sofort wohlfühlt. Die charmante Silke Richert, die treibende Kraft der vierköpfigen Gastgeberfamilie, spricht von positiven Schwingungen, die das gesamte Anwesen beseelen. Hinzu kommen die fast ausschließlich selbst produzierten Bio-Waren für ihre leckeren Rezepte des Café Zauberbuche, das wir schon in unserem Café-Buch Nr. 5 *Süßes für die Seele* ausführlich beschrieben haben. Ein umfangreiches Frühstück gibt es täglich ab 20 Personen. Jeden zweiten Sonntag im Monat gibt es den sensationellen Brunch, bestehend aus allen nur denkbaren lukullischen Produkten der Region. Ab 10:00 Uhr, mit Reservierung. Genießen Sie einen unvergesslichen Sonntag in Deutschlands romantischem Norden!

Café Uhrendorf

Lachsrosen mit Rosensenf

4 Personen

200 g Räucherlachs

Lachs zu Rosen formen und auf einem Teller anrichten. Mit frischen größeren Rosenblättern oder Zitronenmelisseblättern dekorieren.
Dazu den Senf in einem Schüsselchen reichen.

Rosensenf:

1 EL mittelscharfer Senf
1 EL körniger süßer Senf (Weißwurstsenf)
1 EL Rosenkonfitüre
1 Spritzer Rosenwasser
1 TL frisch gehackter Dill

Alle Zutaten miteinander verrühren und zuletzt den Dill unterheben.

Rosensekt

Einen Schuss Rosensirup (mild) in ein Sektglas geben und mit trockenem Sekt aufgießen.

Rosensirup (mild)

1 l Wasser
1 kg Zucker
ca. 100 g Duftrosenblüten, ungespritzt

Wasser mit dem Zucker aufkochen bis sich der Zucker aufgelöst hat. Auf kleiner Flamme fünf Minuten köcheln lassen. Den weißen Blattansatz von den Blütenblättern schneiden, die Blätter in ein hitzebeständiges Gefäß geben, mit dem heißen Zuckersirup übergießen und über Nacht ziehen lassen. Den Sirup am nächsten Tag durch ein Sieb gießen, dabei die Flüssigkeit auffangen und noch einmal aufkochen. Danach in vorgewärmte Flaschen füllen und sofort verschließen.

Rosen-Panna Cotta mit Erdbeermus

4–6 Personen

2 Blatt Gelatine, weiß
500 ml Schlagsahne
50 g Zucker
ca. 1 EL Rosenwasser
250 g Erdbeeren
50 g Zucker
Erdbeerscheiben für die Garnitur

Gelatine in kaltem Wasser einweichen. Sahne und 50 g Zucker in einen Topf geben, langsam erhitzen und etwa 15 Minuten leicht köcheln lassen. Topf vom Herd ziehen, das Rosenwasser hineingeben und die ausgedrückte Gelatine unter Rühren in der gekochten Sahne auflösen. Sahne in 4 große oder 6 kleine Förmchen gießen und über Nacht im Kühlschrank fest werden lassen.
Erdbeeren putzen, in kleine Stücke schneiden, mit Zucker bestreuen und ebenfalls über Nacht ziehen lassen. Am nächsten Tag pürieren und das Mus auf der Panna Cotta verteilen. Mit Erdbeerscheiben verzieren.

Klassisches Englisches Rosengelee

500 ml trockener Weiß-, Roséwein oder Apfelsaft
100 g stark duftende dunkelrote Rosenblüten, ungespritzt
500 g Gelierzucker
50 ml Rosenwasser, nach Geschmack

Wein in einen Topf gießen, Blütenblätter ohne den bitteren weißen Blattansatz hineinrühren und etwa eine Stunde ziehen lassen. Anschließend kurz aufkochen, beiseite stellen und eine weitere Stunde ziehen lassen. Durch ein Sieb gießen und die Flüssigkeit auffangen. Im Topf mit dem Gelierzucker unter Rühren aufkochen und drei Minuten sprudeln lassen. Nach Geschmack Rosenwasser hinzugeben. Gelee in vorgewärmte Gläser füllen und verschließen.

Rosenblütenblätter-Konfitüre

200 g Rosenblütenblätter, ungespritzt (am schönsten sind rote Blüten)
100 g Zucker
100 g Honig
Saft einer ½ Zitrone

Rosenblütenblätter ohne den bitteren weißen Blütenansatz in etwas Wasser weich kochen. Anschließend Zucker, Honig und Zitronensaft dazugeben und das Ganze zu einem dicken Sirup einkochen, in vorgewärmte Marmeladengläser füllen und verschließen.

Marzipanrosen

100 g Marzipanrohmasse
50 g Puderzucker
1 Spritzer Rosenwasser

Alle Zutaten zu einer geschmeidigen homogenen Masse verkneten. Daraus eine Kugel formen und in vier Teile schneiden. Aus einem Teil entsteht jeweils eine Rose. Dieses Viertel zu einer Wurst rollen, mit etwa 1 cm Durchmesser. Rolle in mehrere Stücke teilen und jeweils flach drücken. Nun aufrollen, zunächst fest und eng, dann immer lockerer. Die einzelnen Stücke wie Rosenblütenblätter ansetzen und unten (Blattansatz) zusammendrücken.

Etwas Übung ist dazu nötig. Wenn der Versuch nicht gleich klappt, einfach alles noch mal zusammenkneten und von vorne beginnen.

DEKO-TIPP:

Mit Lebensmittelfarbe eingefärbt kann man Rosen in allen Tönen gestalten. Zusätzlich aus Marzipanresten passende Blätter formen, eventuell vorher mit Lebensmittelfarbe grün einfärben. Sehr hübsch wirken auch Blätter aus Schokolade.

Frischkäsekugeln mit Rosenblütenblättern und Rosenblüten-Butter

Frischkäsekugeln mit Rosenblütenblättern

und Rosa Pfeffer

2–3 rote Duftrosenblüten, ungespritzt
1 TL Rosa Pfeffer
300 g Frischkäse

Rosenblütenblätter in sehr feine Streifen schneiden oder fein hacken. Pfeffer bröselig zerdrücken, mit den Blättern vermischen und auf einen Teller geben.
Aus dem Frischkäse kleine Bällchen drehen und in der Blütenblätter-Pfeffer-Mischung wälzen.

Tipp:
Es sieht recht bunt aus, wenn man einen Teil der Frischkäsekugeln in gehackten Kräutern wälzt.

Rosenblüten-Butter

etwa 1 Tasse Rosenblütenblätter, ungespritzt
eine Prise Meersalz
250 g weiche Butter

Blütenblätter sehr fein hacken, mit dem Salz unter die Butter rühren. Das funktioniert gut mit einer Gabel. Blütenbutter auf einem Stück Alufolie zu einer Rolle formen, beide Enden verschließen und kühl stellen, bis die Butter hart geworden ist. Zum Anrichten in kleine Scheiben schneiden, dachziegelartig anlegen oder auf einem Bett von Rosenblütenblättern anrichten.

Tipp:
Mit dieser Blütenbutter kann man spielen, indem man zusätzlich zu den Rosenblütenblättern einige Lavendelblüten untermischt oder auch frisch gehackte Kräuter wie z.B. Basilikum oder Zitronenmelisse.

Gemüsesalat mit Rosenblüten-Balsamico

800 g feines, knackiges Saisongemüse
wie Spargel, Karotten, Kohlrabi,
Fenchel, Stangensellerie, Blumenkohl
oder Zucchini.

Gemüse putzen und in mundgerechte Stücke schneiden. In wenig Salzwasser garen oder mit Öl bissfest dünsten.

Rosenblüten-Balsamico:

1 EL Zucker
3 EL Balsamico
1 EL Rosenblütenessig
Saft einer ½ Zitrone
2 TL Rosenwasser
6 EL neutrales Speiseöl
Meersalz
Pfeffer aus der Mühle

Zucker in einer Pfanne karamellisieren, mit Balsamico und Rosenblütenessig ablöschen und den Karamell unter Rühren auflösen. Pfanne vom Herd ziehen, Zitronensaft, Rosenwasser und Öl mit einem Schneebesen unterrühren. Mit Meersalz und Pfeffer abschmecken.
Gemüse in einer flachen Schale oder auf einzelnen Tellern anrichten, mit dem Rosenblütenbalsamico beträufeln und kurz ziehen lassen.

Grundrezepte, die in der Rosenküche vielseitig einsetzbar sind

Rosensalz

Die getrockneten Rosenblütenblätter, am besten dunkelrote, mit gutem Meersalz in einen Mixer geben, vermischen und in ein verschließbares Glas füllen. Dieses Salz verleiht einem frisch gekochten Frühstücksei eine besondere Note.

Rosenwasser

ca. 100 g Duftrosenblütenblätter, ungespritzt
1 l Wasser

Von den Rosenblütenblättern den bitteren weißen Blattansatz wegschneiden.
Wasser aufkochen. Die Hälfte der Blütenblätter in ein hitzebeständiges Gefäß geben und mit dem kochenden Wasser übergießen. Mindestens eine Stunde ziehen lassen. Anschließend in dieses Rosenwasser die restlichen Blütenblätter einrühren und über Nacht gekühlt ziehen lassen.
Rosenwasser am nächsten Tag durch ein Sieb gießen, Flüssigkeit auffangen und noch einmal aufkochen. Anschließend in vorgewärmte Flaschen füllen und sofort verschließen.

Tipp:
Das Rosenwasser ist im Kühlschrank ungeöffnet mehrere Wochen haltbar. Nach dem Öffnen schnell verbrauchen. Rosenwasser ist gebrauchsfertig auch in Apotheken erhältlich.

Rosensirup (würzig)

ca. 100 g Duftrosenblütenblätter, ungespritzt
1 l Wasser
500 ml Rotwein
Saft von 2 Zitronen
ca. 2 cm Ingwer, frisch gerieben
1 kg Zucker

Von den Blütenblättern den weißen Blattansatz abschneiden und die Blätter in ein großes verschließbares Glas geben. Mit Wasser, Rotwein, Zitronensaft übergießen und geriebenen Ingwer dazugeben. Alles über Nacht an einem kühlen Ort ziehen lassen.
Die Mischung am nächsten Tag in einem Topf aufkochen, Zucker hinzugeben und auf kleiner Flamme zu Sirupkonsistenz einkochen lassen. Abseihen und in vorgewärmte Flaschen füllen. Sofort verschließen.

Rosenblütenessig

500 ml Weißweinessig
ca. 10 ganze Duftrosenblüten, ungespritzt

Rosenblätter abzupfen und den weißen Blütenansatz abschneiden. Blütenblätter in ein großes verschließbares Glas füllen, mit dem Essig auffüllen und verschließen. An einem sonnigen Ort etwa 3 Wochen ziehen lassen, dabei ab und zu schütteln. Rosenessig durch ein Sieb gießen und die Flüssigkeit in Flaschen füllen.

Tipp:
Nach Belieben kann man zu den Rosenblätern noch einige Himbeeren geben. Das ergibt eine zusätzliche fruchtige Note.

Kennen Sie Beidenfleth an der Stör? Nein? Sie müssen es kennenlernen! Ein romantischer Ort in der Wilstermarsch mit einer alten Windmühle und der St.-Nikolai-Kirche. Das Besondere ist die Seilfähre „Else“, auf der Sie sich über die Stör zu dem Ort hinüber hangeln lassen können, wenn Sie nicht ganz normal mit dem Auto oder Rad von der Wilstermarsch anreisen wollen. In diesem schönen Ort finden wir das Café Uhrendorf und jetzt kommt's: Die Besitzerin Christl Klausenitzer ist eine superfidele und kreative Bayerin. Sie war Posaunistin in der Show-Band Bayrische 7 und schafft aus Papier und Pappmaschée Kunstwerke. Klar, dass sie auch in ihrer Küche kreativ ist, ja, eine Rezepterfinderin ist. Schon in den Café-Büchern *Winterlich Süßes* und *Auf die süße Tour* wurde über ihr Café ausführlich berichtet. Auch für ihre Frühstückskarte hat sie Einiges erfunden. Für Sonn- und Feiertage können Sie das Rosenfrühstück für Verliebte, das Karibik- oder das Frühschoppenfrühstück vorbestellen und Christl Klausenitzer wird es Ihnen auf Ihre charmante Art servieren. Guten Appetit!!

LANDCAFÉ ÉCLAIR

Clare Döhring-Schogs
Koogstrasse 57
25881 Tümlauer-Koog
Tel.: 04862-201609
E-Mail: info@landcafe-eclair.de
www.landcafe-eclair.de
Öffnungszeiten:
Ende März–Ende Oktober:
9:00–18:00 Uhr
November–Anfang Januar:
13:00–18:00 Uhr (bei Frühstücksanmeldungen ab 9:30 Uhr)
Mittwoch Ruhetag
Neujahr geöffnet
Mitte Januar–Ende März geschlossen
25 Innenplätze, 30 Außenplätze
In der Hauptsaison kein Kuchen außer Haus.
Nach einem Ausflug zum „Westerhever Leuchtturm" können Sie in unmittelbarer Nähe zum Nordseedeich in unser uriges Landcafé einkehren und hausgemachte Kuchen und Torten, deftige Lammsalami-/Lammschinkenbrote mit selbst gebackenem Brot, frische Salate und wechselnde Tagesangebote genießen. Ab 9:00 Uhr bieten wir ein ausgiebiges Frühstück an (um Reservierung wird gebeten).
In unserem idyllischen Obstgarten wird in einer Dauerausstellung „Selbstgenähtes" in vielen Variationen angeboten. Eine feste Institution ist unsere Weihnachtsausstellung, die wir den ganzen Dezember durchgehend veranstalten.
Im Innenraum sind Hunde nicht erwünscht.

CAFÉ KÜSTE

Antje Eichler
Zingelstr. 31
25704 Meldorf
Tel.: 04832-9798444
Öffnungszeiten:
ganzjährig Di.–So. 8:30–18:00 Uhr
Montag Ruhetag
32 Innenplätze, 25 Außenplätze
Reservierung nach Absprache.
Vielfältiges, ständig wechselndes Angebot an selbstgebackenen Kuchen und Torten.
Herzhafte Kleinigkeiten wie verschiedene Toasts, Süppchen, Schinken- und Käsebrot.
Täglich verschiedene Frühstücksvariationen mit und ohne Reservierung.
Kuchen außer Haus.
Ganze Torten nach Wahl auf Bestellung.

MARIEN-CAFÉ

Kaffeekannen-Café und Ferienwohnungen an der Flensburger Förde
Ballastbrücke 22
24937 Flensburg
Tel.: 0461-5009711
Fax: 0461-4077066
www.marien-cafe-flensburg.de
www.kaffeekannenferienwohnung.de
E-Mail:
info@marien-cafe-flensburg.de
Öffnungszeiten:
Mo.–So. 8:00–18:00 Uhr
alle Weihnachtstage, Silvester und Neujahr geschlossen.
Ausstellung von mehr als 3000 gesammelten Tee- und Kaffeekannen
Vielfältige Frühstückskarte, Tortenlieferservice
Kuchen, Torten, Marmeladen und Kekse
80 Innenplätze, 40 Außenplätze
Parkplatz direkt am Haus
Behinderten-WC und barrierefreier Zugang
Busparkplatz in 300 m Entfernung
Drei „Kaffeekannen"-Ferienwohnungen

CAFÉ LICHTHOF

Dr. phil. Jutta Schulke-Vandre
Falshöft 29
24395 Nieby/Angeln
Tel.: 04643-1354
Fax: 04643-3274
E-Mail:
lichthofangeln@googlemail.com
www.lichthof-angeln.de
Öffnungszeiten:
ab Ostern täglich bis 31.Oktober von 12:00–18:00 Uhr
zwischen den Jahren 14 Tage täglich
In den Wintermonaten auf Anfrage am Wochenende.
Montag Ruhetag, im Juli/August auf Anfrage
Frühstück und Brunch ab 8 Personen auf Anmeldung.
Feierlichkeiten jeglicher Art auf Vorbestellung bis 35 Personen.
Vielfältiges Kulturprogramm mit musikalischen Darbietungen, Lesungen, Seminaren, Fachgesprächen.
Praxis Schmerzselbsthilfe Psychomotorik
Dr. phil. Jutta Schulke-Vandre
Falshöft 29, 24395 Nieby/Angeln
Tel.: 04643-1354

CAFÉ ZUM ALTEN PASTORAT

Verschmelzung von Land, historischen Mauern & zeitgenössischem Genuss
Inh. Sabina Fromberg
Markt 12
25541 Brunsbüttel
Tel.: 04852-9403666
Öffnungszeiten: Mi.–So.
9:30–12:00 Uhr, 14:30–18:00 Uhr
Mo. u. Di. Ruhetag
Außerhalb der Öffnungszeiten nur auf Anfrage geöffnet.
In unserem Café lassen sich hauseigene Köstlichkeiten genießen. Für jeden Geschmack ist etwas dabei. Eine frische Auswahl an Torten und Kuchen, Kaffee- und Teespezialitäten, als auch unser Frühstück lassen keine Wünsche offen.
„Bed & Breakfast" im alten Pastorat, in sehr komfortablen Zimmern mit Duschbad. Die Gästezimmer sind geräumig und bieten sich daher auch für einen längeren Aufenthalt bestens an. Das reichhaltige Frühstück ist inklusiv.
Zudem richten wir gerne Ihre gesellschaftlichen Anlässe aus. Ob Geburtstag, Hochzeit, Taufe oder Betriebsfeier – das Café ist der ideale Ort für alle Anlässe bis zu 42 Personen.
Außerdem haben wir für kleine Feiern ein Separée für bis zu 16 Personen und eine Hofterrasse.
Der historische Rahmen und unsere individuelle Küche machen jede Feier zu einem unvergesslichen Erlebnis.
Lassen Sie sich in stilvoller Atmosphäre verwöhnen.
Wir unterstützen Sie kompetent mit Menüvorschlägen und Organisation Ihres Rahmenprogrammes.
Wir freuen uns auf Ihre Anfrage.

SCHO'CAFÉ

Sonja Pimentel
Mühlenstrasse 44
22880 Wedel
Tel.: 04103-7033532
www.scho-cafe.com
Öffungszeiten: ganzjährig
Di.–Sa. 9:30–18:00 Uhr
24. Dez. bis Anfang Jan. geschlossen.
Gesellschaften nach Vereinbarung.
Frühstück 9:30–13:00 Uhr
Hausgebackene Kuchen und Tartes.
Kleine Mittagsgerichte (täglich wechselnd), verschiedene Snacks sowie im Steinofen gebackene Pizzen nach Wahl.
Catering italienischer Art nach persönlicher Absprache.
Exklusive Wohnaccessoires, Geschenkartikel sowie Damenoberbekleidung.
Im Sommer genießen Sie unseren idyllischen Garten-Innenhof.
In der Nähe: Ernst Barlach-Museum, Schiffsbegrüßungsanlage Willkommenhöft, Hamburger Yachthafen.

SCHLOSSCAFÉ

im Schloss vor Husum
Theodor-Schäfer-Berufsbildungswerk Husum
König-Friedrich-V.-Allee
25813 Husum
Tel.: 04841-8044411
Fax: 04841-8044419
www.tsbw.de
Öffnungszeiten:
Di.–Sa. 9:00–18:00 Uhr
So. 13:00–18:00 Uhr
Mo. Ruhetag
60 Innenplätze, 40 Außenplätze
Frühstücksbuffet Di.–Sa. 9:00–12:00 Uhr

CAFÉ MIT STI(E)L

Gärtnerei Schröder KG
Inh. Familie Albrecht
Große Str. 52
24855 Jübek
Tel.: 04625-8228493
info@gaertnerei-schroeder-kg.de
www.gaertnerei-schroeder-kg.de
Öffnungszeiten: Mo. Ruhetag
Di.–So. 14:00–18:00 Uhr
Sa. u. So.10:00–12:30 Uhr vielseitiges Frühstücksbuffet
Jeden 1. Samstag im Monat themenbezogenes Buffet ab 18:00 Uhr
Januar geschlossen.
Verschiedene Sonderveranstaltungen wie: Lichterfest, Adventsausstellung, Fahrradrallye. Die entsprechenden Termine entnehmen Sie bitte unserer Homepage.
Gartenführungen und Gesellschaften nach Vereinbarung
Barrierefreies Café
50 Innenplätze, 60 Außenplätze u. Lounge
Bitte keine Hunde
Lassen Sie sich bei selbst gebackenen Torten und Kuchen in unserem 2400 m² großen Mustergarten mit unterschiedlichen Formschnitten, Rosen, Freilandorchideen, Kräutern und einem romantischen Gartenteich verwöhnen.
Im Sommer befindet sich im alten Gewächshaus unsere nostalgische Gartengerätesammlung mit über 160 verschiedenen alten Zinkgießkannen, diversen Zitruspflanzen sowie Duftgeranien und allerlei Minzsorten. Unser angrenzendes Floristikfachgeschäft hat zusätzlich einen großen Dekorationsbereich für drinnen und draußen sowie florale Werke für jeden Anlass. Unsere Leidenschaft für alte Dinge lässt uns immer wieder kleine und große Schätze zusammentragen, die Sie in unserem Dekorationsbereich „Fundstücke" – eine Kombination aus Altem, Neuem und Kuriosem – bestaunen und erwerben können. Vielleicht finden Sie hier ein nostalgisches Unikat für Ihr Zuhause.
Wir freuen uns auf Ihren Besuch.

CAFÉ ZAUBERBUCHE

Inh. Silke Richert
Dorfstr. 36
25920 Stedesand
Tel.: 04662-8911467
E-Mail: mail@cafe-zauberbuche.de
www.cafe-zauberbuche.de
Öffnungszeiten:
Do.–Mo. 14:00–18:00 Uhr
Di. u. Mi. Ruhetag
Jeden zweiten Sonntag im Monat Frühstücksbrunch ab 10:00 Uhr mit Reservierung.
Täglich Frühstück ab 20 Personen auf Bestellung.
Gesellschaften nach Absprache.
Für Ihre Festlichkeiten stehen wir jederzeit zur Verfügung, sprechen Sie mich an.

CAFÉ UHRENDORF

Christl Klausenitzer
Uhrendorf 1
25573 Beidenfleth
Tel.: 04829-902817
www.cafe-uhrendorf.de
E-Mail: kontakt@cafe-uhrendorf.de
Öffnungszeiten:
März–Okt. Fr. u. Sa. 13:00–18:00 Uhr
So. u. feiertags 10:00–18:00 Uhr
Nov./Dez.
Sa. 13:00–18:00 Uhr, So. 10:00–18:00 Uhr
Ab Weihnachten, Jan. u. Febr. geschlossen
42 Innenplätze, 50 Außenplätze
Vielfältiges, ständig wechselndes Angebot an selbstgebackenen Kuchen und Torten, herzhafte Kleinigkeiten wie Quiche, Gratins und Salate, frisch gekochte Suppe, immer auch vegetarisch.
An Sonn- und Feiertagen verschiedene Frühstücksvariationen mit und ohne Reservierung. „Rosenfrühstück für zwei" bitte eine Woche vorher bestellen.
Im gemütlichen Kaminzimmer, das Sie zum Feiern ganz für sich haben, bieten wir auf Vorbestellung ein individuelles (Frühstücks-)Buffet für 12–22 Personen an. Papiergeschöpfe machen das künstlerische Ambiente des Cafés lebendig. Wer Lust hat, kann im Februar an Kursen teilnehmen. Informationen finden Sie auf der Homepage. Schicken Sie eine E-Mail, rufen Sie an oder sprechen einfach im Café mit Frau Klausenitzer.

Weitere Rezepte und ausführliche Beschreibungen der Cafés finden Sie in diesen Büchern:

Band 1
ISBN 978-3-8042-1237-4

Band 2
ISBN 978-3-8042-1271-8

Band 3
ISBN 978-3-8042-1328-9

Band 4
ISBN 978-3-8042-1353-1

Band 5
ISBN 978-3-8042-1379-1

Band 6
ISBN 978-3-8042-1392-0

... Fortsetzung folgt

DIE AUTORIN

Marion Kiesewetter, Schauspielerin und TV-Moderatorin, in Hamburg geboren, wurde als Köchin durch die TV-Sendungen *Bi uns to Hus*, N 3, *Sonntagskonzert* und Johannes B. Kerners Kochsendung im ZDF bekannt. Ihre ebenfalls im Boyens Buchverlag erschienenen Kochbücher *Fürstliche Menüs – Schleswig-Holstein*, *Fürstliche Menüs – Niedersachsen*, *Fürstliche Menüs – Mecklenburg-Vorpommern*, *Obst aus norddeutschen Gärten*, *Salatexpress*, *Aufgefischt I + II*, *Das isst der Norden*, *Auf Krabbenfang* und *Kohl!* entstammen der norddeutschen Region mit ihren erstklassigen kulinarischen Angeboten.
Besonders beliebt sind die Café-Bücher der Autorin. Bereits erschienen: *Eine Sünde wert …* (1), *Kann denn Süßes Sünde sein?* (2), *Nur Süßes im Sinn* (3), *Süße Augenblicke* (4), *Süßes für die Seele* (5), *Auf die süße Tour* (6) und *Winterlich Süßes*.

DIE FOTOGRAFEN

Ursula Sonnenberg und ihr Mann Hans Dieter Kellner durchliefen beide eine Ausbildung zu Fotografen, sie mit einer Lehre, er auf der bekannten Münchner Akademie für Fotografie. Seit Jahrzehnten arbeiten sie im gemeinsamen Hamburger Studio an getrennten Aufgaben – sie mit food für Werbung und Verlage, er kreativ und technisch für die Industrie.
In Zusammenarbeit mit Marion Kiesewetter fotografierten sie bisher für den Boyens Buchverlag *Aufgefischt I + II*, *Das isst der Norden*, *Kohl!*, die komplette Cafébuch-Reihe 1 bis 6 sowie *Winterlich Süßes*.

Register

Landcafé Éclair

Café Küste

Marien-Café

Café Lichthof

Café Zum Alten Pastorat

Scho'café

Schlosscafé

Café mit Sti(e)l

Café Zauberbuche

Café Uhrendorf